Thomas Kurz

Kaufmann/Kauffrau für Marketingkommunikation

Umsetzung und Steuerung von Marketing- und Kommunikationsmaßnahmen

7. Auflage 2016

Best.-Nr. 2833

uforme

'. Auflage 2016 · ISBN 978-3-95532-833-7

Titelbild: www.stockxpert.com (user: nruboc)

Cronenberger Straße 58 · 42651 Solingen
Telefon: 0212 22207-0 · Telefax: 0212 208963
Internet: www.u-form.de · E-Mail: uform@u-form.de

Thomas Kurz

Kaufmann/Kauffrau für Marketingkommunikation

Entwicklung von Marketing- und Kommunikationskonzepten

7. Auflage 2016

Best.-Nr. 2833

u-form

7. Auflage 2016 · ISBN 978-3-95532-833-7

Titelbild: www.stockxpert.com (user: nruboc)

Cronenberger Straße 58 · 42651 Solingen
Telefon: 0212 22207-0 · Telefax: 0212 208963
Internet: www.u-form.de · E-Mail: uform@u-form.de

Frage

Wie verteilen sich die Versandkosten bei den folgenden Lieferungsbedingungen:

Frei Haus, frei, frei Waggon, unfrei, ab hier, ab Werk, ab Lager, frachtfrei, frei Lager, frei Bestimmungsort, frei Werk?

Antwort

- Ab Werk, ab Lager:
  der Käufer trägt alle Versandkosten
- Frei Haus, frei Lager, frei Werk:
  der Verkäufer trägt alle Versandkosten
- Unfrei, ab hier: der Verkäufer trägt Kosten für Anfuhr bis zum Versandunternehmen
- Frei Waggon: der Verkäufer trägt Kosten für Anfuhr und Verladung
- Frei, frachtfrei, frei Bestimmungsort:
  der Verkäufer trägt Kosten für Anfuhr, Verladung und Fracht bis zum Bestimmungsbahnhof

Frage

Bringen Sie die folgenden Tätigkeiten im Zusammenhang mit dem Einkauf von Waren, Anlagegütern, Dienstleistungen etc. in die richtige Reihenfolge:

- Eingangskontrolle vornehmen
- Überwachung des Liefertermins
- Einholen von Angeboten
- Bezugspreise ermitteln
- Auftragsvergabe
- Bezugsquellenermittlung
- Entscheidung für einen Lieferanten

Antwort

1. Bezugsquellenermittlung
2. Einholen von Angeboten
3. Bezugspreise ermitteln
4. Entscheidung für einen Lieferanten
5. Auftragsvergabe
6. Überwachung des Liefertermins
7. Eingangskontrolle vornehmen

Frage

Unterscheiden Sie folgende Kredite hinsichtlich ihrer Sicherungen.

- Zessionskredit
- Sicherungsübereignungskredit
- Lombardkredit
- Bürgschaftskredit

Antwort

Zessionskredit ist ein Kredit, der durch die Abtretung (Zession) von Forderungen gesichert ist.

Beim **Sicherungsübereignungskredit** erwirbt der Kreditgeber zur Sicherheit das bedingte Eigentum an einer beweglichen Sache.

Beim **Bürgschaftskredit** ist der Kredit zusätzlich durch eine Bürgschaft gesichert.

Der **Lombardkredit** ist durch ein Pfandrecht an einer beweglichen Sache gesichert.

Frage

Bringen Sie die folgenden Schritte der Bearbeitung einer Eingangsrechnung in die richtige Reihenfolge:

- Bezahlung unter Abzug von Skonto
- Prüfung des Gesamtrechnungsbetrages
- Prüfung, ob die Ware überhaupt bestellt wurde
- Freigabe der Rechnung zur Bezahlung
- Prüfung, ob die Einzelpreise der Rechnung mit der Bestellung übereinstimmen
- Prüfung der Gesamtpreise je Lieferposition

Antwort

1. Prüfung, ob die Ware überhaupt bestellt wurde
2. Prüfung, ob die Einzelpreise der Rechnung mit der Bestellung übereinstimmen
3. Prüfung der Gesamtpreise je Lieferposition
4. Prüfung des Gesamtrechnungsbetrages
5. Freigabe der Rechnung zur Bezahlung
6. Bezahlung unter Abzug von Skonto

Frage

Was versteht man unter dem Erfüllungsort?

Antwort

Der Erfüllungsort ist der Ort, an dem der Schuldner durch rechtzeitige und mangelfreie Leistung von seiner vertraglichen Verpflichtung frei wird. Hier geht die Gefahr vom Verkäufer auf den Käufer über. Bei Streitigkeiten zwischen Verkäufer und Käufer wird durch den Erfüllungsort der Gerichtsstand bestimmt. Kaufleute können vertraglich einen besonderen Gerichtsstand vereinbaren.

Der gesetzliche Erfüllungsort ist in der Regel der Wohn- bzw. Geschäftssitz des Schuldners zum Zeitpunkt des Vertragsabschlusses.

Beim vertraglichen Erfüllungsort wird dieser durch Vereinbarung festgelegt.

Frage

Was versteht man unter Factoring?

Antwort

Beim Factoring kauft der Factor (i.d.R. Factoringbank) die Buchforderungen eines Unternehmens und überweist den Forderungsbetrag unter Abzug von Zinsen und Provision(en).

Der Factor kann folgende Funktionen übernehmen:

- Finanzierungsfunktion (Vergütung der Forderung)
- Delkrederefunktion/Risikofunktion (Übernahme des Risikos des Forderungsausfalles)
- Dienstleistungsfunktion (Übernahme der Buchführung und/oder Eintreibung der Forderung)

Vorteile für den Factorkunden sind insbesondere die Verbesserung der Liquiditätssituation, die Risikoabwälzung und die verringerten Kosten der Buchführung und des Mahnwesens. Nachteilig sind die hohen Zins- und Provisionskosten.

Frage

Nennen Sie vier Möglichkeiten, Informationsmaterial über neue zusätzlich infrage kommende Bezugsquellen zu bekommen.

Antwort

- Adressbücher
- Bezugsquellenübersichten
- Lieferantenverzeichnisse
- Adressenverlage
- Fachzeitschriften
- Messen und Ausstellungen
- Auskünfte von Geschäftsfreunden
- Internet

Frage

Ein Kredit über 80.000 wird unter Abzug von 3 % Disagio ausgezahlt. Die Laufzeit beträgt 4 Jahre, der Jahreszinssatz 5 %.
Eine zwischenzeitliche Tilgung erfolgt nicht.

Wie hoch ist der effektive Zinssatz für den Kredit?

Antwort

$$\frac{(4 \cdot 4.000 + 2.400) \cdot 100}{77.600 \cdot 4} = 5{,}93\ \%$$

Frage

Was versteht man unter Beschaffungsmarktforschung und welche Quellen gibt es?

Antwort

Zielgerichtetes, systematisches Beschaffen von Informationen, um optimale Beschaffungsentscheidungen treffen zu können.

Direkte Quellen: Kontakte mit Lieferern, Verkäufern oder Handelsvertretern, Messen, Ausstellungen, Betriebsbesichtigungen etc.

Indirekte Quellen: Branchenbücher, Kammern, Wirtschaftsverbände, Tageszeitungen, Fachzeitungen, Internet, Radio, Fernsehen etc.

Frage

Um welche Finanzierungsarten handelt es sich bei den folgenden Kapitalbeschaffungen?

1. Bildung einer Gewinnrücklage
2. Aufnahme eines weiteren Komplementärs
3. Ausgabe einer Schuldverschreibung
4. Finanzierung aus Abschreibungen
5. Ausgabe neuer Aktien
6. Ausnutzung längerer Zahlungsziele
7. Darlehensaufnahme
8. Überziehung des Bankkontos

Antwort

Außenfinanzierung:

Finanzierung von außen durch Eigenkapital oder Fremdkapital. Nach Rechtsstellung der Kapitalgeber lassen sich unterscheiden:

- Eigenfinanzierung (Beteiligungsfinanzierung) (**2** und **5**)
- Fremdfinanzierung (**3**, **6**, **7** und **8**)

Innenfinanzierung:

Das Unternehmen bringt die Finanzmittel selbst auf durch Selbstfinanzierung (z. B. Nichtausschüttung von Gewinnen) (**1** und **4**).

Frage

Was versteht man unter Eigenfinanzierung?

Antwort

Kapital wird durch die Gesellschaft selbst (Selbstfinanzierung) oder durch Beteiligte (neue oder alte Gesellschafter) zur Verfügung gestellt.

Frage

Was versteht man unter Leasing?

Antwort

Unter Leasing versteht man das Mieten von langlebigen beweglichen oder unbeweglichen Wirtschaftsgütern. Beispiele sind

- Industrieanlagenleasing, also die Vermietung kompletter Gebäude incl. der Ausrüstung
- Ausrüstungsleasing, also die Vermietung von Maschinen, Computeranlagen, Kopiergeräten, Fahrzeugen etc.
- Konsumgüterleasing insbesondere bei Autos

Frage

Nennen Sie drei Kriterien für den Angebotsvergleich.

Antwort

- Qualität der Ware
- Preis der Ware
- Termin der Lieferung
- Konditionen der Anbieter
- Zuverlässigkeit/Termintreue der Anbieter
- Umweltverträglichkeit der Ware
- Service/Wartung durch den Anbieter

Frage

Welche Kriterien sind für die Prüfung der Kreditwürdigkeit von besonderer Bedeutung?

Antwort

Persönliche Kreditwürdigkeit wie Zuverlässigkeit, Charakter, guter Ruf etc. des Kreditnehmers

Wirtschaftliche Verhältnisse des **Kreditnehmers** wie geregeltes Einkommen, Vermögen

Wirtschaftliche Verhältnisse im **Unternehmen** wie Höhe des Eigenkapitals, Haftungskapital, Rentabilität etc. Hier sind vor allem die Zukunftsaussichten von Bedeutung.

Frage

Was versteht man unter Selbstfinanzierung?

Antwort

Gewinne werden teilweise nicht ausgeschüttet. Bei der **offenen** Selbstfinanzierung werden Gewinne den Kapital- oder Rücklagenkonten gutgeschrieben. Die **stille** (verdeckte) Selbstfinanzierung erfolgt durch Bildung stiller Reserven durch die Überbewertung von Schulden oder die Unterbewertung von Vermögenspositionen.

Frage

Beschreiben Sie zwei Arten der Darlehenstilgung.

Antwort

Annuitätendarlehen:

Es wird regelmäßig ein gleich bleibender Betrag bezahlt, der einen steigenden Tilgungs- und einen fallenden Zinsanteil hat.

Abzahlungsdarlehen:

Es wird ein gleichbleibender Betrag getilgt; die Zinsen für die Restschuld sinken, daher verringern sich die jährlichen Zahlungen.

Frage

Unterscheiden Sie die im Beschaffungsbereich üblichen Vertragsformen „Kaufvertrag“ und „Werkvertrag“.

Antwort

Beim **Kaufvertrag** wird die Lieferung einer bestimmten Sache vereinbart.

Beim **Werkvertrag** wird die Herstellung einer bestimmten Sache vereinbart, wobei die Einsatzstoffe i.d.R. vom Auftraggeber geliefert werden.

Frage

Welchem Jahreszinssatz entspricht die Vereinbarung „zahlbar innerhalb von 10 Tagen unter Abzug von 2 % Skonto oder nach spätestens 30 Tagen ohne Abzug“ ungefähr?

Antwort

Näherungsweise:

$$\frac{2\ \% \cdot 360\ \text{Tage}}{20\ \text{Tage}} = 36\ \%$$

Genau:

$$\frac{2\ \% \cdot 360\ \text{Tage}}{20\ \text{Tage} \cdot 0{,}98} = 36{,}73\ \%$$

Frage

Was ist Disagio?

Antwort

Abschlag vom Nennbetrag eines Darlehens bei seiner Auszahlung

Frage

Wie kommt man vom Einstands-/Bezugspreis zum Angebotspreis?

Antwort

Einstands-/Bezugspreis
+ Handlungskosten

= Selbstkostenpreis
+ Gewinn

= Barverkaufspreis
+ Kundenskonto

= Zielverkaufspreis
+ Kundenrabatt

= Angebotspreis

Frage

Was versteht man unter Innenfinanzierung?

Antwort

Die für Investitionszwecke benötigten Mittel werden aus dem betrieblichen Leistungsprozess erwirtschaftet.

Frage

Wie kommt man vom Listeneinkaufs- zum Einstands-/Bezugspreis?

Antwort

Listeneinkaufspreis/Rechnungspreis (netto)
– Liefererrabatt

= Zieleinkaufspreis
– Liefererskonto

= Bareinkaufspreis
+ Bezugskosten

= Bezugs-/Einstandspreis

Frage

Ergänzen Sie

Listeneinkaufspreis

–

= Zieleinkaufspreis

–

=

\+ Bezugskosten

=

Antwort

Listeneinkaufspreis
− **Liefererrabatt**

= Zieleinkaufspreis
− **Liefererskonto**

= **Bareinkaufspreis**
\+ Bezugskosten

= **Bezugspreis**

Frage

Nennen Sie Vor- und Nachteile von Leasingverträgen aus Sicht des Leasingnehmers.

Antwort

Vorteile:

- Gleichmäßige Liquiditätsbelastung
- Kein einmaliger hoher Kapitalabfluss
- Steuerliche Absetzbarkeit der Leasingraten
- Anpassung der Anlagen an den neuesten technischen Stand
- Schonung vorhandener Kreditlinien
- Wartungs- und Reparaturkosten werden meist vom Leasinggeber übernommen

Nachteile:

- Hohe monatliche Kostenbelastung
- Meist längere Vertragsdauer, dadurch höhere Aufwendungen als durch Kauf
- Kündigung vor Ablauf der Grundmietzeit ist wirtschaftlich meist sehr nachteilig
- Keine freie Verfügung über den Leasinggegenstand

Frage

Vor Buchung und Bezahlung sind Eingangsrechnungen auf ihre ....
und .... Richtigkeit zu überprüfen.

Antwort

Vor Buchung und Bezahlung sind Eingangsrechnungen auf ihre **sachliche** und **rechnerische** Richtigkeit zu überprüfen.

Frage

Nennen Sie die sechs Stufen eines Scoring-Modelles (Punktbewertungsverfahren).

Antwort

1. Ermittlung der Ziele
2. Gewichtung der Ziele
3. Vergabe von Punkten
4. Multiplikation von Gewichten mit zugehörigen Punkten
5. Ermittlung der gewichteten Punkttotale
6. Sensibilitätsanalyse

Frage

Nennen Sie Ursachen für die Notwendigkeit eines Qualitätsmanagements.

Antwort

- Ständig wachsender Wettbewerbsdruck verlangt Abgrenzung von der Konkurrenz
- Kunden erwarten eine 100 %ige Qualität
- Mangelnde Qualität führt zu Folgekosten (Garantie, Kulanz, Gewährleistung)
- Qualitätsmängel kann zu Kundenverlusten führen
- Zertifizierte Unternehmen müssen entsprechende unternehmerische Standards erfüllen

Frage

Welche Voraussetzungen müssen für ein erfolgreiches betriebliches Vorschlagswesen geschaffen werden?

Antwort

Das betriebliche Vorschlagswesen nutzt die Fertigkeiten, Fähigkeiten und Kenntnisse der eigenen Mitarbeiter, um das Betriebsgeschehen ständig zu verbessern. Voraussetzung dafür ist

- Offenheit aller Kollegen und Vorgesetzten gegenüber Veränderungen (innovationsfreundliches Arbeitsklima)
- Motivation der Mitarbeiter, Vorschläge einzubringen
- Systematische Erfassung und Verfolgung aller Vorschläge
- Erfolgsbeteiligung an eingeführten Maßnahmen

Frage

Erläutern Sie die Bedeutung der Zertifizierung des Qualitätsmanagementsystems.

Antwort

Viele Kunden verlangen von ihren Lieferanten, dass ihr Qualitätsmanagementsystem zertifiziert ist. Damit ist sichergestellt, dass ein verlässliches Qualitätssicherungssystem betrieben wird. Die Zertifizierer stellen ein Zertifikat darüber aus, dass die Organisation des betreffenden Unternehmens die erforderlichen Normen erfüllt.

Frage

Was müssen Sie im Zusammenhang mit der Einführung eines Qualitätsmanagementsystems ermitteln bzw. festlegen?

Antwort

- Ermittlung der Kundenerwartungen
- Festlegung der Qualitätspolitik und der Qualitätsziele
- Festlegung der erforderlichen Prozesse
- Benennung der Prozessverantwortlichen
- Festlegung und Bereitstellung der notwendigen Geldmittel
- Einführung von Methoden der Effizienzmessung einzelner Prozesse
- Einführung eines Prozesses der ständigen Verbesserung des Qualitätsmanagementsystems

Frage

Unterscheiden Sie die Begriffe Gewährleistung, Garantie und Kulanz.

Antwort

Gewährleistung bedeutet, dass der Verkäufer dem Käufer dafür haftet, dass die verkaufte Sache nicht mit Fehlern behaftet ist. Sie ist im BGB geregelt.

Garantie ist eine freiwillig übernommene vertragliche Verpflichtung, die Kosten für die Beseitigung aller innerhalb einer bestimmten Frist auftretenden Mängel entweder ganz oder zumindest teilweise zu übernehmen.

Kulanz ist die freiwillige Übernahme der Kosten für die Beseitigung von Mängeln durch den Verkäufer.

Frage

Welche Ziele werden mit Aufbau eines Beschwerdemanagements verfolgt?

Antwort

Das Beschwerdemanagement sieht die Reklamation als Chance zur Erkennung von Schwachstellen im Betrieb. Ziele sind insbesondere

- Erhöhung der Kundenbindung
- Erhöhung der Kundenzufriedenheit
- Produktverbesserung
- Prozessverbesserung
- Imageerhöhung

Frage

Umschreiben Sie stichwortartig die Aufgabenbereiche der folgenden Berufe:

- Trafficer
- Webmaster
- Screendesigner
- Mediengestalter Digital- und Printmedien
- Mediengestalter Bild und Ton

Antwort

Der **Trafficer**, häufig auch Innenkontakter genannt, organisiert und überwacht Termin- und Kostenpläne innerhalb der Agentur oder Werbeabteilung.

Der **Webmaster** pflegt und aktualisiert den Internetauftritt und sorgt für dessen reibungsloses Funktionieren.

Der **Screendesigner** gestaltet Multimedia-Produkte, entwirft Computergrafiken, Animationen und Videosequenzen, gestaltet Internetseiten etc.

Der **Mediengestalter Digital- und Printmedien** erstellt Werbe- und Medienvorlagen in der Druck- und Medienindustrie.

Der **Mediengestalter Bild und Ton** beschafft Bild- und Tonmaterial, sichtet, prüft und bearbeitet Sprach- und Musikaufnahmen.

(Abgrenzung der Aufgabenbereiche ist nicht immer gleich)

Frage

Umschreiben Sie stichwortartig die Aufgabenbereiche der folgenden Berufe:

- Art Director
- Art Buyer
- Creative Director
- Layouter

Antwort

Der **Art Director** ist verantwortlich für die gestalterische Umsetzung der Werbebotschaft auf die Werbemittel. Er arbeitet mit dem Texter an der visuellen Umsetzung und ist für Termin- und Etateinhaltung verantwortlich.

Der **Art Buyer** ist Kontaktperson zwischen Werbeagentur und den künstlerischen und gestalterischen Auftragnehmern (Fotografen, Stylisten, Illustratoren etc).
Er wählt die geeigneten externen Spezialisten, klärt Copyrightfragen etc.

Der **Creative Director** ist der gestalterische Leiter einer Werbeagentur und damit verantwortlich für das kreative Ergebnis.

Der **Layouter** übernimmt einfache Arbeiten im grafischen Bereich, Recherche von Bildmaterial, Mitarbeit bei der Erstellung von Präsentationen.

(Abgrenzung der Aufgabenbereiche ist nicht immer gleich)

Frage

Unterscheiden Sie Aufbau- und Ablauforganisation.

Antwort

Die **Aufbauorganisation** legt die betriebliche Grundstruktur fest. Sie weist Aufgaben ganz bestimmten Stellen und Abteilungen zu und regelt die Informations- und Kommunikationswege. Die Darstellung erfolgt mithilfe eines Organigramms. Die grundlegende Struktur kann z. B funktions- bzw. verrichtungs-, produkt-, kunden- oder regionalorientiert sein.

Die **Ablauforganisation** regelt die Arbeitsabläufe im Unternehmen, also die zeitliche und örtliche Abwicklung eines bestimmten Auftrages oder eines bestimmten betrieblichen Ablaufs.

Frage

Nennen Sie die drei Zentralisierungsarten einer Aufbauorganisation.

Antwort

- Verrichtungszentralisierung (z. B. Materialwirtschaft, Fertigung, Verwaltung etc.)
- Objektzentralisierung oder produktionale Gliederung in Divisionen, Sparten oder Unternehmensbereiche (Erzeugnis- oder Kundengruppen)
- Regionale Zentralisierung (z. B. Europa, USA, etc.)

Frage

Unterscheiden Sie Einlinien-, Mehrlinien- und Stabliniensystem.

Antwort

Einliniensystem:

Der Stelleninhaber ist **einer** Instanz unterstellt.

Mehrlinien-/Funktionssystem:

Der Stelleninhaber erhält Weisungen von **mehreren** anderen Stellen

Stabliniensystem:

Ein Ein- oder Mehrliniensystem wird **durch Stäbe ergänzt**, die die Instanzen beraten, selbst aber nicht weisungsbefugt sind.

Frage

Was versteht man unter einer Matrixorganisation?

Antwort

Bei einer Matrixorganisation wird das Unternehmen nach zwei Gliederungsprinzipien, z. B. nach den Produkten A, B und C und den Funktionen Beschaffung, Produktion und Absatz eingeteilt. Die Produkt- und Funktionsverantwortlichen müssen sich auf für das Unternehmen optimale Entscheidungen einigen. Ergänzt werden kann diese Organisationsform durch Stäbe, die insbesondere der Unternehmensleitung beratend zur Seite stehen.

Frage

Was versteht man unter einer Divisionalorganisation oder Spartengliederung?

Antwort

Das Unternehmen wird z. B. nach Erzeugnis- oder Kundengruppen gegliedert. Die entstehenden Bereiche bezeichnet man als Geschäfts- bzw. Unternehmensbereiche oder Divisionen. Sie haben alle notwendigen Funktionen eines Unternehmens, manchmal wird ihnen auch eine eigene Rechtspersönlichkeit zugestanden.

Frage

Was sind Profit-Center?

Antwort

Organisatorische Teilbereiche, die für alle Entscheidungen weitgehend selbst verantwortlich sind und für die Periodenerfolge ermittelt werden, an denen sie gemessen werden.

Frage

In welchem Vertrag sind Trennungsgebot und die Abstandsregel festgelegt?

Antwort

Im Rundfunkstaatsvertrag

Frage

Nennen Sie drei Abrechnungssysteme für Werbeagenturen.

Antwort

- Service-Fee-System
- Pauschalabrechnung
- Zahlung von Einzelleistungen
- Abgeltung über Provision von Medien und Werbemittelherstellern
- Kombinationen

Frage

Was versteht man unter der „Figur-Grund-Differenzierung"?

Antwort

Es handelt sich um einen Ordnungsprozess, durch den bestimmte Teile des Wahrgenommenen hervorgehoben werden.
Eine Figur scheint vor dem Grund zu stehen.
Eine Differenzierung erhält man durch die Schaffung einer Kontur.

Frage

An welchen Merkmalen kann man das Hochdruckverfahren erkennen?

Antwort

- Schattierungen auf der Wiederdruckseite beim Einsatz von Metallhochdruckformen
- Unruhige Farbflächen
- Quetschkante

Frage

Bei der Herstellung von Druckerzeugnissen unterscheidet man grob welche drei Bereiche?

Antwort

- Pre-Press/Druckvorstufe
- Press/Druck
- Post-Press/Druckweiterverarbeitung

Frage

Bei welchen der folgenden Druckvorlagen handelt es sich um Aufsichtsvorlagen?

1. Color-Diapositiv

2. Farbfoto

3. Schwarzweiß-Foto

4. Aquarell

Antwort

Lösung: **2**, **3** und **4**.

Bei Nr. 1 handelt es sich um eine Durchsichtvorlage.

Frage

Nennen Sie wesentliche Kostenpositionen für die Erstellung eines TV-Spots.

Antwort

- Honorar für die Agentur
- Dreh
- Post-Produktion
- Ton

Frage

In welchem Verhältnis sollen im Satzbereich Spaltenbreite und Durchschuss zueinander stehen?

Antwort

Harmonie zwischen Spaltenbreite und Durchschuss:

kleine Spaltenbreite – weniger Durchschuss und umgekehrt

Frage

Nennen Sie die Formel zur schnellen Bestimmung des Papiergewichtes von Karten, Flyern usw.

Antwort

Bogenzahl · Breite (cm) · Höhe (cm) · Papiergewicht (g/qm) / 10.000

Frage

Nennen Sie die Schriftklassen.

Antwort

- Antiqua
- Grotesk
- Fraktur
- Schreibschrift
- Handschrift

Frage

Nennen Sie die üblichen Teilungen eines 18/1-Plakates.

Antwort

Konventionell: 9er und 8er

Modern: 6er und 4er

Frage

Nennen Sie drei Arten der Heftung im Bereich der Druckweiterverarbeitung.

Antwort

- Eckheftung
- Blockheftung
- Broschüren-Ringheftung
- Broschüren-Heftung
- Fadenstichheftung

Frage

Nennen Sie drei Eigenschaften/Anforderungen die beim Druck von Großflächenplakaten an das Papier gestellt werden.

Antwort

- Grammatur 110 bis 120 g/qm
- Hohe Opazität
- Hohe Nassfestigkeit und Witterungsbeständigkeit
- Holzfreie Leimung
- Auf der Klebeseite möglichst ungestrichen

Frage

Nennen Sie drei Eigenschaften/Anforderungen, die beim Druck von Großflächenplakaten an die Farbe gestellt werden.

Antwort

- Hohe UV-Beständigkeit, Lichtechtheit
- Alkaliresistenz
- Witterungsbeständig

Frage

Unterscheiden Sie LWC-, Bütten- und Affichenpapier.

Antwort

LWC-Papier (Light Weight Coated-Papier) ist ein holzhaltiges, beidseitig gestrichenes Rollenoffset- und Tiefdruckpapier, welches hauptsächlich für Zeitschriften, Versandhauskataloge, Infopost und Ähnliches verwendet wird.

Büttenpapier wird aus einem verdünnten Faserbrei aus Hadern oder Zellstoff mithilfe eines Schöpfsiebes geschöpft. Es wird meist für hochwertige Anwendungen mit geringer Auflage (z. B. aufwendige Briefbögen), bei künstlerischen Drucken oder Papier- bzw. Buchrestaurierung verwendet.

Affichenpapier ist ein weißes, nassfestes und holzfreies Druckpapier, welches insbesondere für Plakate im Außenbereich verwendet wird.

Frage

Nennen Sie drei Gestaltgesetze.

Antwort

- Ähnlichkeit
- Geschlossenheit
- Nähe
- Einstellung
- Gemeinsames Schicksal
- Kontinuität
- Figur-/Grundgesetz

Frage

Nennen Sie drei Methoden zur Ermittlung der Faserlaufrichtung eines Papierbogens.

Antwort

- Reißprobe
- Feuchtprobe
- Fingernagelprobe
- Biegeprobe

Frage

Nennen Sie drei verschiedene Falzbezeichnungen.

Antwort

- Kreuzfalzbruch
- Wickelfalz
- Leporello-Falz
- Parallelfalzbruch

Frage

Nennen Sie fünf Merkmale, die den Bedruckstoff Papier charakterisieren.

Antwort

- Grammatur
- Opazität
- Farbigkeit
- Laufrichtung/Dehnrichtung
- Stoffzusammensetzung
- Flächengewicht
- Rupffestigkeit
- Oberflächenstrich
- Nassfestigkeit

Frage

Nennen Sie je ein Beispiel für ein

a) direktes Druckverfahren

b) indirektes Druckverfahren

Antwort

a) Flexo-, Tiefdruck

b) Letterset-, Offset-, Tampondruck

Frage

Nennen Sie vier Angaben, die für die Herstellung eines Layouts wichtig sind.

Antwort

- Format
- Satzspiegel
- Schriftarten
- Schriftgrößen
- Farbangaben
- Druckweiterverarbeitung
- Bildausschnitte
- Bildfreistellungen

Frage

Nennen Sie vier Möglichkeiten zur Bearbeitung bzw. Veredelung von Papieroberflächen.

Antwort

- Prägen
- Streichen
- Satinieren
- Kaschierung/Laminierung
- Lackierung

Frage

Nennen Sie vier Objekte aus dem Bereich der Werbung, die im Siebdruck hergestellt werden.

Antwort

- Plakate und Poster
- Aschenbecher, Gläser, Flaschen und Tassen
- Dosen, Schachteln
- Foliendrucke und Aufkleber
- Hinweisschilder
- Kugelschreiber, Feuerzeuge und sonstige Give aways

Frage

Nennen Sie drei der grundsätzlichen Möglichkeiten der elektronischen Bildverarbeitung (EBV).

Antwort

- Änderung von Größe und Auflösung
- Bild-Composing
- Farb-Transformationen und Freistellungen
- Anwendung von Effekt-Filtern
- Bild-Transformationen
- Modus-Änderungen

Frage

Nennen Sie fünf Punkte, die die Druckvoranfrage an eine Druckerei enthalten sollte.

Antwort

- Job-Bezeichnung bzw. Name des Druckobjektes
- Format und Seitenzahl
- Auflage
- Papierbezeichnung
- Druckfarben
- Art der Weiterverarbeitung
- Zahl der Belegexemplare
- Verpackung
- Liefertermin

Frage

Nennen Sie zwei Druckobjekte, die im 28er bis 36er Raster gedruckt werden.

Antwort

- Tageszeitungen
- Anzeigen- und Offertenblätter

Frage

Nennen Sie zwei Druckverfahren für den Aufdruck auf einen Kugelschreiber.

Antwort

- Tampondruck
  (indirektes Tiefdruckverfahren)
- Siebdruck
  (direktes Durchdruckverfahren)

Frage

Nennen Sie die gängigen Druckverfahren.

Antwort

- klassischer Hochdruck (Buchdruck)
- Flexodruck
- Tiefdruck
- Flachdruck
- Digitaldruck

Frage

Sie erhalten einen Anzeigenbeleg und eine Rechnung zur Prüfung.

Welche **5** der folgenden Angaben müssen Sie in jedem Falle überprüfen?

1. Format
2. Reichweite
3. Erscheinungs-Termine
4. Druckausfall
5. Verkaufte Auflage
6. Anzeigenpreis
7. Papierqualität
8. Rabatt

Antwort

Richtige Lösungen: **1**, **3**, **4**, **6** und **8**

Frage

Nennen Sie die gesetzlichen Pflichtangaben in Rechnungen.

Antwort

- Vollständiger Name und Anschrift des leistenden Unternehmers und des Leistungsempfängers
- Steuernummer oder Umsatzsteueridentifikationsnummer
- Ausstellungsdatum der Rechnung
- Fortlaufende Rechnungsnummer
- Menge und handelsübliche Bezeichnung der gelieferten Gegenstände oder die Art und den Umfang der sonstigen Leistung
- Zeitpunkt der Lieferung bzw. Leistung
- Nach Steuersätzen und -befreiungen aufgeschlüsseltes Entgelt
- Im Voraus vereinbarte Minderungen des Entgelts
- Entgelt und hierauf entfallender Steuerbetrag sowie Hinweis auf Steuerbefreiung
- Ggf. Hinweis auf Steuerschuld des Leistungsempfängers

Frage

Sortieren Sie die folgenden Werbemöglichkeiten der Plakatwerbung nach ihrem Format. Beginnen Sie mit dem größten Format.

18/1-Großfläche

Riesenposter

Superposter

Citylightposter

Litfaßsäule

Antwort

1. Riesenposter
2. Superposter
3. 18/1-Großfläche
4. Litfaßsäule
5. Citylightposter

Frage

Unter .... versteht man die Undurchsichtigkeit eines Papiers.

Antwort

Unter **Opazität** versteht man die Undurchsichtigkeit eines Papiers.

Frage

Unterscheiden Sie konventionelle und Euroklebung.

Antwort

Konventionell: Klebung von oben links nach oben rechts und dann von unten rechts nach unten links, wobei der untere den oberen Teil überlappt.

Die **Euroklebung** erfolgt nach dem Dachziegelprinzip von oben nach unten.

Frage

Welche Illustrationen gibt es?

Antwort

- Pictogramm (Icon)
- Logo (-type)
- Signet
- Label, Emblem
- Strichzeichnung
- Bild

Frage

Was ist der Ortspreis?

Antwort

Reduzierter Tarif von regionalen Werbeträgern, der unter folgenden Voraussetzungen gewährt wird:

- Ortsansässiger, regionaler Werbetreibender
- Direktschaltung ohne Agentur
- Geschäftssitz und Geschäftsschwerpunkt im Verbreitungsgebiet

Frage

Was sind Körperfarben?

Antwort

Körperfarben werden von Körpern getragen. Da Körperfarben nicht selbst Licht emittieren, müssen Lichtfarben genutzt werden, um Körperfarben zu sehen. Grundfarben: Rot, Gelb, Blau.

Frage

Was sind Lichtfarben?

Antwort

Lichtfarben entstehen durch Körper, die sich selbst emittieren (Sonne, Glühlampe, Bildschirm); Grundfarben: Rot, Grün, Blau.

Frage

Was versteht man unter dem „goldenen Schnitt"?

Antwort

Das Verhältnis 5:8 von zwei Strecken. Dabei handelt es sich um eine als besonders ästhetisch empfundene Proportion, die bei der Gestaltung von Grafiken und in der Architektur zur Anwendung kommt.

Frage

Bringen Sie die folgenden Arbeitsschritte bei einer Broschürenerstellung in die richtige Reihenfolge:

- Druckvorlagen erstellen
- Maschinendruck prüfen und freigeben
- Schriftgrößen der Texte festlegen
- Scribble vorlegen
- Layout-Daten an Druckerei übertragen

Antwort

1. Scribble vorlegen
2. Schriftgrößen der Texte festlegen
3. Layout-Daten an Druckerei übertragen
4. Druckvorlagen erstellen
5. Maschinendruck prüfen und freigeben

Frage

Was versteht man unter einem Casting?

Antwort

Auswahl von Darstellern oder Teilnehmern für die Produktion von Film-, Sprach- und Fotoaufnahmen

Frage

Was versteht man unter einer Allonge?

Antwort

Werbefilmanhang/-verlängerung

Frage

Welche **3** sind typische Tageszeitungs-Formate?

1. Rheinisches Format

2. Berliner Format

3. Norddeutsches Format

4. US-Norm

5. A4-Format

6. Euro-Format

7. A3-Format

Antwort

Richtige Lösungen: **1**, **2** und **3**

Frage

Welche **4** der folgenden Angaben sind für die Herstellung von Offset-Druckvorlagen notwendig?

1. Rasterweite
2. Auflage
3. Versandart
4. Papierqualität
5. Farbskala
6. Umfang
7. Druckunterlage-Schlusstermin
8. Rollen- oder Bogendruck

Antwort

Richtige Lösungen: **1**, **4**, **5** und **8**

Frage

Welche Entwicklungsstufen gibt es bei der visuellen und verbalen Umsetzung einer Werbebotschaft?

Antwort

- Scribble
- Rohlayout
- Reinlayout

Frage

Welche produktionstechnischen Aspekte müssen Sie bei der Plakatgestaltung beachten?

Antwort

- Teilung und Rand
- Sperrdruck

Frage

Wodurch unterscheiden sich Norddeutsches-, Rheinisches- und Berliner-Format?

Antwort

Berliner:	6 Anzeigenspalten
Rheinisches:	7 Anzeigenspalten
Norddeutsches:	8 Anzeigenspalten

Frage

Wozu dient der Rasterwinkel?

Antwort

Der Rasterwinkel dient zur Vermeidung eines symmetrischen Rasteraufbaues (optisch als zufällig/lebendig gedruckt erscheinende Punkte).

Frage

Welche der folgenden Aussagen ist richtig?

1. Im TV-Bereich kennzeichnet die „technische Reichweite“ die Anzahl der Fernsehhaushalte, die einen Sender grundsätzlich empfangen können.
2. Berliner Format hat 8 Spalten.
3. Komplementäreffekt heißt, dass ein Werbeerfolg nicht unbedingt Ergebnis der aktuellen, sondern evtl. auch einer früheren Kampagne ist.

Antwort

Richtige Lösung: **1**

Zu 2. Das Berliner Format hat 6 Spalten

Zu 3. Hier wird der Carry-over-Effekt und nicht der Komplementäreffekt beschrieben.

Frage

Was versteht man unter einem Bedruckstoff?

Antwort

Bedruckstoff ist die Bezeichnung für alle Werkstoffe, die in einem bestimmten Druckverfahren bedruckt werden können (z. B. Textilien, Papier, Keramik etc.).

Frage

Was versteht man unter Durchschuss?

Antwort

Beim Durchschuss handelt es sich um den unbedruckten Zeilenzwischenraum bei der Satzherstellung, gemessen von Schriftunterkante einer Zeile zu Schriftoberkante der nächsten Zeile.

Nicht zu verwechseln mit dem Zeilenabstand, der von Grundlinie zu Grundlinie gemessen wird.

Frage

Was versteht man unter einer (Druck-)Fahne?

Antwort

Fahne ist ein Korrekturabzug einer noch nicht endgültig fertig gestellten Druckseite.

Frage

Was entsteht beim Übereinanderdruck der Farben Cyan, Magenta und Gelb?

Antwort

Beim Übereinanderdruck der Farben Cyan, Magenta und Gelb entsteht der Sinneseindruck „Schwarz“.

Frage

Was versteht man unter einem Jingle?

Antwort

Ein Jingle ist eine insbesondere bei Radiospots verwendete kurze einprägsame Melodie, der die Werbung für ein Produkt, eine Dienstleistung oder eine Firma kennzeichnet (z. B. „LBS – Wir geben Ihrer Zukunft ein Zuhause“).

Frage

Was versteht man unter Grammatur?

Antwort

Grammatur ist das Papiergewicht, welches in Gramm pro Quadratmeter gemessen wird.

Frage

Was ist das CMYK-System?

Antwort

Beim CMYK-System handelt es sich um eine genormte Druckfarbenskala für den Vierfarbdruck mit den Farben Cyan (**C**), Magenta (**M**), Gelb (**Y**=Yellow) und Schwarz (**K**=Key). Daraus lassen sich drucktechnisch alle vorkommenden Farben erzeugen.

Frage

Nennen Sie die drei Stufen der kreativen Umsetzung einer Anzeige.

Antwort

1. Scribble (gezeichnete Skizze)

2. Rohlayout (Zwischenentwurf mit realen Bildern)

3. Reinlayout (fertiger Entwurf vor dem Druck)

Frage

Was ist Database Publishing?

Antwort

Eine Form der kostengünstigen Produktion von stark strukturierten Werbemitteln (z. B. Kataloge), bei der Bilder und Texte, wie bei einem Serienbrief, aus einer Datenbank in das Werbemittel eingelesen werden. Der Grafiker der Agentur muss so nicht mehr jedes einzelne Element einsetzen.

Frage

Erläutern Sie stichwortartig die folgenden Farbskalen:

Euroskala

HKS

Pantone

RAL

Antwort

Euroskala: genormte CMYK-Farbskala
für den 4-Farb-Offsetdruck

HKS: Farbsystem von Sonderfarben.
Es gibt verschiedene Farbreihen:
K – für gestrichene Papiere
N – für ungestrichene Papiere
E – für Endlospapiere
Z – für Zeitungspapiere

Pantone: Fertig gemischte Palette von Druckfarben

RAL: Weltweite anerkannte Standardisierung
von Farben mit eindeutiger Bezeichnung und
Nummernzuordnung

Frage

Bringen Sie die folgenden Arbeitsschritte bei einer Broschürenerstellung in die richtige Reihenfolge:

- Druckfreigabe
- Rough
- Reinzeichnung
- Proof
- Layout
- Konzeptentwicklung

Antwort

1. Konzeptentwicklung
2. Rough
3. Layout
4. Reinzeichnung
5. Proof
6. Druckfreigabe

Frage

Was versteht man bei der Erstellung und Pflege von Webseiten unter CMS?

Antwort

Mithilfe eines Content Management Systems (CMS), also Inhaltsverwaltungssystems, können Webseiten erstellt, verwaltet und bearbeitet werden, ohne dass beim Editor umfangreiche Programmierkenntnisse vorausgesetzt werden.

Mittels einer Zugriffsverwaltung können mehrere Benutzer im System arbeiten. Die meist verbreiteten Systeme sind WordPress, TYPO3, Drupal und Joomla.

Frage

Was versteht man unter Responsive Design?

Antwort

Responsive Design oder auch Responsive Webdesign ist eine Technik, die es ermöglicht, das Layout einer Website so flexibel zu gestalten, dass dieses auf dem Computer-Desktop, Tablet und Smartphone eine gleichbleibende Benutzerfreundlichkeit bietet und der Inhalt vollständig und schnell vom Besucher aufgenommen werden kann.

Frage

Was versteht man unter einer Landingpage?

Antwort

Unter einer Landingpage versteht man eine einzelne, speziell entwickelte Webseite, die durch Anklicken eines Banners oder eines anderen Werbemittels angezeigt wird. Sie bezieht sich direkt auf das zuvor beworbene Angebot. Durch die Landingpage erhält der Nutzer komprimiert Informationen zu dem beworbenen Produkt, ohne mit dem umfangreichen Gesamtangebot des eigentlichen Internetauftritts konfrontiert zu werden.

Frage

Was versteht man unter einer Marke?

Antwort

Eine Marke stellt eine möglichst unverwechselbare Kennzeichnung eines Produktes oder einer Dienstleistung gegenüber ähnlichen Angeboten der Konkurrenz dar.

Nach § 3 MarkenG (Gesetz über den Schutz von Marken und sonstigen Kennzeichen) können als Marke alle Zeichen, insbesondere Wörter einschließlich Personennamen, Abbildungen, Buchstaben, Zahlen, Hörzeichen, dreidimensionale Gestaltungen einschließlich der Form einer Ware oder ihrer Verpackung sowie sonstige Aufmachungen einschließlich Farben und Farbzusammenstellungen geschützt werden, die geeignet sind, Waren oder Dienstleistungen eines Unternehmens von denjenigen anderer Unternehmen zu unterscheiden.

Die Schutzdauer für eine Marke beträgt zehn Jahre und kann beliebig oft um weitere zehn Jahre verlängert werden.

Frage

Unterscheiden Sie Patent, Gebrauchs- und Geschmacksmuster.

Antwort

Ein **Gebrauchsmuster** schützt die Neugestaltung oder neue Anordnung bei Modellen, Arbeitsgeräten und Gebrauchsgegenständen für drei bis maximal zehn Jahre.

Ein **Geschmacksmuster** schützt das „Design" eines Erzeugnisses, also neue Muster oder Modelle (Tapeten, Stoffmuster etc.). Es gilt fünf bis maximal 25 Jahre.

Ein **Patent** schützt die gewerbliche Verwertung von Erfindungen neuer Erzeugnisse oder neuer Herstellungsverfahren für maximal 20 Jahre.

Frage

Nennen Sie Beispiele für Werke, die nach § 2 UrHG (Gesetz über Urheberrecht und verwandte Schutzrechte) geschützt sind.

Antwort

Nach dem Urhebergesetz gehören zu den geschützten Werken der Literatur, Wissenschaft und Kunst insbesondere:

1. Sprachwerke, wie Schriftwerke, Reden und Computerprogramme
2. Werke der Musik
3. pantomimische Werke einschließlich der Werke der Tanzkunst
4. Werke der bildenden Künste einschließlich der Werke der Baukunst und der angewandten Kunst und Entwürfe solcher Werke
5. Lichtbildwerke einschließlich der Werke, die ähnlich wie Lichtbildwerke geschaffen werden
6. Filmwerke einschließlich der Werke, die ähnlich wie Filmwerke geschaffen werden
7. Darstellungen wissenschaftlicher oder technischer Art, wie Zeichnungen, Pläne, Karten, Skizzen, Tabellen und plastische Darstellungen

Frage

Wann ist vergleichende Werbung erlaubt?

Antwort

- die Produkte müssen vergleichbar sein
- die Fakten müssen vergleichbar sein
- der Vergleich muss objektiv sein
- der Vergleich darf nicht zu Verwechselungen führen
- der Vergleich darf nicht herabsetzend sein

(es handelt sich nicht um eine abschließende Aufzählung)

Frage

Was ist ein Gütezeichen?

Antwort

Garantieausweis für eine bestimmte Warengüte, entweder aufgrund freiwilliger Vereinbarung oder gesetzlicher Festlegung (z. B. Wollsiegel, Blauer Engel, Geprüfte Sicherheit etc.)

Frage

Was bedeuten die Zeichen ® und ©?

Antwort

® bedeutet, dass ein Name oder Logo im Markenverzeichnis beim Patentamt eingetragen ist. Die Eintragung soll vormissbräuchlicher Verwendung durch Dritte schützen, sowie für eine konstante Qualität und Zuverlässigkeit stehen.

© steht für Copyright

Frage

Was versteht man unter „Aufbrauchfrist“?

Antwort

Die Erlaubnis, in geringem Maße wettbewerbswidrige Werbemittel aufzubrauchen, jedoch nicht nachzuproduzieren

Frage

Nennen Sie fünf Gesetze oder Verordnungen, die bei der Kommunikationsarbeit zu beachten sind.

Antwort

- Gesetz gegen den unlauteren Wettbewerb
- Gesetz gegen Wettbewerbsbeschränkungen
- Landespressegesetze
- Landesrundfunkgesetze
- Preisangabenverordnung
- Urheberrechtsgesetz
- Markengesetz
- Gebrauchsmustergesetz
- Geschmacksmustergesetz
- Rundfunkstaatsvertrag
- Produktpirateriegesetz

Frage

Nennen Sie drei Fälle, in denen vergleichende Werbung durchaus erlaubt ist.

Antwort

- Systemvergleich
- Fortschrittsvergleich
- Test-Urteil-Vergleich
- Leistungsvergleich
- Abwehrvergleich

Frage

Welches der folgenden Programme ist für Aufgaben der Kostenrechnung am besten geeignet?

1. Lexware financial office

2. MS Word

3. MS Power Point

4. MS Excel

5. MS Access

Antwort

Richtige Lösung: **4**

Bei den Programmen handelt es sich um

1. ein Buchhaltungsprogramm
2. ein Textverarbeitungsprogramm
3. ein Präsentationsprogramm
4. ein Tabellenkalkulationsprogramm
5. ein Datenbankprogramm

Frage

Was versteht man unter einem FTP-Server?

Antwort

FTP-Server sind spezielle Internet-Server, auf denen Dateien (z. B. Software, Texte, usw.) zum Download bereitliegen.

Frage

Wofür steht die Abkürzung „OCR"?

Antwort

Optical **C**haracter **R**ecognition. Eine Schrift, die sowohl vom Menschen lesbar, als auch maschinell erkennbar und identifizierbar ist. Verwendung in abgewandelter Form im Bankenbereich.

Zur schnellen Erfassung bereits gedruckt vorliegender Texte braucht man neben einem Eingabegerät wie z. B. einem Scanner auch ein spezielles OCR-Programm zur Erkennung und Verarbeitung der Zeichen.

Frage

Welche **2** der folgenden Geräte können sowohl zur Eingabe als auch zur Ausgabe von Daten benutzt werden?

1. Scanner

2. Plotter

3. Prozessor

4. CD

5. Maus

6. USB-Stick

Antwort

Richtige Lösungen: **4** und **6**

TIPPST DU!

Frage

Unterscheiden Sie Internet, Intranet und Extranet.

Antwort

Ins **Internet** hat jeder Zugang, der über einen Internetzugang verfügt. Im **Intranet** sind die Informationen nur den Mitarbeitern innerhalb eines bestimmten Unternehmens zugänglich. Im **Extranet** sind verschiedene Intra-Netze miteinander gekoppelt.

Frage

Welche der folgenden Aussagen sind richtig?

1. 1 GB = 1.024 MB

2. 1 MB = 1.024 kB

3. 1 TB = 1.024 GB

4. 1 MB = 1.048.576 B

Antwort

Alle Aussagen sind richtig.

Der Faktor ist immer 1.024.

1 kB = 1.024 B
1 MB = 1.024 kB
1 GB = 1.024 MB
1 TB = 1.024 GB

B (Byte), kB (Kilobyte), MB (Megabyte), GB (Gigabyte), TB (Terabyte)

Frage

Woraus bestehen Informationssysteme?

Antwort

Informationssysteme bestehen aus:

- Hardware (technischen Geräten)
- Software (Programmen)
- Daten, die zu verarbeiten, zu speichern und zu übertragen sind
- Orgware (organisatorische Konzepte und Regelungen)
- Manware (System anwendende und System betreuende Menschen)

Frage

Was versteht man unter einem Usability-Test?

Antwort

Bei einem **Usability-** oder **Nutzer-Test** wird Hardware, Software oder eine Webseite durch repräsentative Nutzer auf ihre Gebrauchstauglichkeit überprüft. So wird z. B. untersucht, wie schnell sich ein Nutzer in einem Programm oder auf einer Webseite zurecht findet.

Frage

Was versteht man unter einer Zugriffszeit?

Antwort

Zeitspanne, die zum Auffinden einer Speicherstelle und zum Lesen einer Information benötigt wird

Frage

Nennen Sie je zwei Maßnahmen im Rahmen der EDV, die

a) der Datensicherung dienen.

b) dem Datenschutz dienen.

Antwort

Datensicherung:

- Anwendung des Generationsprinzips bei der Datenspeicherung
- Installation einer Notstromversorgung
- Erstellung von Backupkopien

Datenschutz:

- Ernennung eines Datenschutzbeauftragten
- Vergabe von Passwörtern
- Installation einer Firewall

Frage

Was bedeutet die Abkürzung LAN?

Antwort

Local **A**rea **N**etwork

Ein lokales Netzwerk, welches sich auf ein sehr eng begrenztes geografisches Gebiet beschränkt. Es wird im Regelfall nur von einem einzelnen Nutzer unterhalten und betrieben.

Frage

Welche Ziele verfolgt man mit dem „Schutz vor dem Missbrauch personenbezogener Daten" nach dem Bundesdatenschutzgesetz (BDSG)?

Antwort

- Sicherung der Privatsphäre der Mitarbeiter
- Bewahren der Vertraulichkeit der Mitarbeiterdaten
- Verhüten des Missbrauchs dieser Daten

Deswegen dürfen persönliche Daten dürfen nur gespeichert und verarbeitet werden, wenn eine Rechtsvorschrift dies erlaubt oder der Betroffene einwilligt.

Frage

Welche der folgenden Maßnahmen zum Schutz vor Datenmissbrauch betreffen die Software?

1. Abfrage von Passwörtern
2. Verschlüsselung eingegebener Daten
3. Beschränkung der Zugangsberechtigung zum Rechenzentrum

Antwort

Richtige Lösungen: **1** und **2**

Frage

Was versteht man unter einem Server?

Antwort

Es handelt sich um eine Hardwarekomponente im Netz, die allen Nutzern zur Verfügung steht und für diesen Dienste erbringt.

Frage

Was versteht man in der EDV unter Konfiguration?

Antwort

Zusammenstellung von Zentraleinheit und Peripheriegeräten in Verbindung mit der Software.

Frage

Was versteht man unter „Homeoffice“ und welche Vor- und Nachteile hat dieses aus Unternehmenssicht.

Antwort

Als Homeoffice bezeichnet man den Arbeitsplatz in den Wohnräumlichkeiten des Mitarbeiters oder auch die zumindest zeitweise Arbeit von zu Hause.

Vorteile:

- Senkung der Arbeitsplatzkosten
- Steigende Motivation der Mitarbeiter durch flexible Arbeitszeiten
- Verbesserung der Kapazitätsauslastung durch Flexibilisierung der Arbeit

Nachteile:

- Fehlender Kontakt zu anderen Mitarbeitern
- Schlechtere Kotrollmöglichkeiten
- Höhere Kommunikationskosten
- Probleme mit dem Datenschutz

Frage

Unterscheiden Sie lineare, degressive und leistungsabhängige Abschreibung.

Antwort

Die Abschreibungsbeträge ergeben sich bei der **linearen** Abschreibung durch gleichmäßige Verteilung der Anschaffungskosten auf die geschätzte Nutzungsdauer.

Bei der **degressiven** Abschreibung wird der jährliche Abschreibungsbetrag als gleich bleibender Prozentsatz auf den jeweiligen Restbuchwert ermittelt. Dadurch ergeben sich sinkende Abschreibungsbeträge über die Jahre der Nutzungsdauer. Für Neuanschaffungen ist diese Abschreibung seit 2011 nicht mehr zulässig.

Bei der **leistungsabhängigen** Abschreibung wird ein Abschreibungsbetrag je erwarteter Nutzungseinheit ermittelt. Dieser wird dann am Ende eines jeden Jahres mit der Nutzung des Jahres multipliziert.

Frage

Unterscheiden Sie absoluten und relativen Deckungsbeitrag.

Antwort

Der absolute Deckungsbeitrag ergibt sich als:

Erlös/Stück – variable Kosten/Stück.

Beim relativen Deckungsbeitrag wird der sich ergebende Wert auf eine (Engpass)-Einheit (z. B. pro Stunde, pro € Umsatz, pro Quadratmeter etc.) bezogen. Bei knappen Ressourcen, z. B. Zeit, kann es sinnvoll sein, Produkte mit geringen absoluten aber hohen relativen Deckungsbeiträgen zu forcieren.

Frage

Was versteht man unter einem kalkulatorischen Unternehmerlohn?

Antwort

Der zu den Zusatzkosten zählende kalkulatorische Unternehmerlohn wird in der Kostenrechnung/Kalkulation in Personengesellschaften bzw. Einzelunternehmungen angesetzt, um das „Gehalt" des Unternehmers mit in die Kosten und damit die Preise einzukalkulieren. Der Ansatz ist als Aufwand im externen Rechnungswesen nicht zulässig. Der extern ausgewiesene Gewinn wird dadurch um den angesetzten Unternehmerlohn vergrößert.

Frage

Bei welchen der untenstehenden Vorgänge handelt es sich um

1. Aufwand aber keine Kosten (neutrale Aufwendungen)
2. Aufwand und Kosten (Grundkosten oder Zweckaufwand)
3. Kosten aber kein Aufwand (Zusatzkosten)
4. weder um Kosten noch um Aufwand

Vorgänge:

a) kalkulatorische Zinsen auf das Eigenkapital
b) Gutschrift des Vorsteuerüberhanges
c) Spende einer OHG an die UNICEF
d) Kauf von Büromaterial
e) Reparatur im vermieteten Teil des Gebäudes einer Werbeagentur.
f) Verkauf einer Maschine über Buchwert

Antwort

a) 3 b) 4 c) 4 d) 2 e) 1 f) 4

Unter **Kosten** versteht man den betrieblich bedingten Werteverzehr einer Periode sofern er normal ist. Sie gehen in das Betriebsergebnis ein.

Aufwand oder **Aufwendungen** ist jeder Werteverzehr, also auch betriebsfremder, außerordentlicher oder periodenfremder. Aufwendungen gehen in die Gewinn- und Verlustrechnung ein.

Auszahlung oder **Ausgabe** ist jeder Liquiditätsabgang einer Periode. Diese Größe ist wichtig für die Finanz- oder Liquiditätsplanung.

Frage

Was versteht man unter „kostenrechnerischen Korrekturen"?

Antwort

In der Ergebnistabelle werden in dieser Spalte Werte von Aufwandspositionen verzeichnet, für die man in der Kostenrechnung andere oder zusätzliche Werte angesetzt hatte (z. B. kalkulatorische Abschreibungen, Unternehmerlohn, Zinsen).

Frage

Unterscheiden Sie die folgenden Begriffe aus den Rechnungskreisen I und II

- Betriebsergebnis
- Neutrales Ergebnis
- Gesamtergebnis

Antwort

Das **Betriebsergebnis** ergibt sich aus der Gegenüberstellung von Leistungen und Kosten.

Das **Neutrale Ergebnis** ergibt sich aus der Addition der Ergebnisse aus unternehmensbezogenen Abgrenzungen und kostenrechnerischen Korrekturen.

Das **Gesamtergebnis** ergibt sich aus der Addition von Neutralem Ergebnis und Betriebsergebnis.

Frage

Unterscheiden Sie kurzfristige und langfristige Preisuntergrenze.

Antwort

Bei der **kurzfristigen** oder auch absoluten Preisuntergrenze werden gerade einmal die variablen Kosten durch den Preis abgedeckt. Man verzichtet also vorübergehend auf den Ersatz der ohnehin anfallenden fixen Kosten.

Bei der **langfristigen** Preisuntergrenze werden alle anfallenden Kosten abgedeckt.

Frage

Bringen Sie die folgenden Bearbeitungsschritte bei der Erstellung eines Betriebsabrechnungsbogens in die richtige Reihenfolge:

- Ermittlung der Zuschlagssätze
- Verteilung der Gemeinkosten auf die Kostenstellen
- Umlage der Allgemeinen Kostenstelle auf alle übrigen Kostenstellen
- Ermittlung der Summe der Allgemeinen Kostenstelle
- Ermittlung der Summe der Gemeinkosten je Hauptkostenstelle

Antwort

1. Verteilung der Gemeinkosten auf die Kostenstellen
2. Ermittlung der Summe der Allgemeinen Kostenstelle
3. Umlage der Allgemeinen Kostenstelle auf alle übrigen Kostenstellen
4. Ermittlung der Summe der Gemeinkosten je Hauptkostenstelle
5. Ermittlung der Zuschlagssätze

Frage

Wodurch unterscheiden sich bilanzielle und kalkulatorische Abschreibungen?

Antwort

Unterscheidungskriterien sind Abschreibungsmethode, Nutzungsdauer und Basis der Abschreibung.

Die **bilanzielle** Abschreibung erfolgt entsprechend der Nutzungsdauer der AfA-Tabellen (Abschreibungstabellen) häufig degressiv mit späterem Übergang auf die lineare Abschreibung. Basis sind die Anschaffungs- oder Herstellungskosten. Für Neuanschaffungen ist diese Abschreibung seit 2011 nicht mehr zulässig.

Die **kalkulatorische** Abschreibung erfolgt über die erwartete tatsächliche Nutzungsdauer in der Regel linear. Basis sind die höheren Wiederbeschaffungskosten vermindert um einen erwarteten Liquidationserlös.

Frage

Was ist ein Handlungskostensatz?

Antwort

Bei der Kalkulation von Handelswaren der Zuschlag auf den Bezugspreis zur Abdeckung der Gemeinkosten (Mieten, Gehälter, Abschreibungen, Versicherungen etc.)

Frage

Unterscheiden Sie fixe und variable Kosten.

Antwort

Variable Kosten sind beschäftigungsabhängig (Material- und Wareneinsatz, evtl. auch Löhne), **fixe** beschäftigungsunabhängig (Mieten und Abschreibungen).

Frage

Was sind „sprungfixe Kosten“?

Antwort

Sprungfixe Kosten sind innerhalb bestimmter Grenzen fix, z. B. Versicherungen und Kfz-Steuer für ein Auto. Wird so viel gefahren, dass man ein weiteres Auto braucht, so „springen“ die fixen Versicherungsprämien und die Kfz-Steuer.

Frage

Was sind kalkulatorische Kosten?

Antwort

Kalkulatorischen Kosten stehen in der Finanzbuchhaltung Aufwendungen in **anderer** Höhe gegenüber (z. B. Abschreibungen und Wagnisse). Es können aber auch **zusätzliche** Kosten sein (z. B. Unternehmerlohn). Daher spricht man in diesem Zusammenhang auch von **Anders**- und **Zusatzkosten**.

Frage

Was sind Kosten?

Antwort

Kosten ist ein Begriff der Kalkulation. Es handelt sich dabei um betrieblich bedingten Werteverzehr einer Periode, sofern er normal ist.

Frage

Unterscheiden Sie variable Kosten und Einzelkosten.

Antwort

Variable Kosten: Variabel heißt, dass sich Kosten in Abhängigkeit von der Beschäftigung verändern.

Einzelkosten heißt, dass man diese einer Kostenstelle oder einem Kostenträger direkt zurechnet.

Häufig sind variable Kosten und Einzelkosten identisch, z. B. Wareneinsatz. Der Energieverbrauch ist aber z. B. auch beschäftigungsabhängig, wird allerdings meist als Gemeinkosten verrechnet.

Frage

Unterscheiden Sie Einzel- und Gemeinkosten.

Antwort

Einzelkosten werden einem Kostenträger oder einer Kostenstelle direkt zugerechnet, **Gemeinkosten** dagegen werden über mehr oder weniger willkürliche Schlüssel auf die Kostenträger oder Kostenstellen verteilt.

Frage

Wodurch unterscheiden sich die ein- und die mehrstufige Deckungsbeitragsrechnung?

Antwort

Bei der **einstufigen** Deckungsbeitragsrechnung werden alle fixen Kosten auf einmal vom Gesamtdeckungsbeitrag abgezogen.

Bei der **mehrstufigen** Deckungsbeitragsrechnung unterscheidet man die fixen Kosten z. B. in produktfixe, produktgruppenfixe und unternehmensfixe Kosten und zieht diese in mehreren Stufen von den Deckungsbeiträgen der einzelnen Produkte und Produktgruppen ab.

Frage

Wie entsteht eine Kostenunterdeckung?

Antwort

Eine Kostenunterdeckung entsteht, wenn die verrechneten Normal- oder Sollgemeinkosten kleiner sind als die Ist-Gemeinkosten. Dadurch ist das Betriebsergebnis geringer als das Umsatzergebnis.

Frage

Was versteht man unter dem Deckungsbeitrag und in welchem Zusammenhang steht er mit dem Betriebsgewinn?

Antwort

Preis
– variable Kosten

= Deckungsbeitrag
– fixe Kosten

= Betriebsgewinn

Frage

Was ist ein BAB und welche Aufgabe hat er?

Antwort

Im Betriebsabrechnungsbogen (BAB) werden Gemeinkosten auf Kostenstellen verteilt und Zuschlagssätze/Stundensätze für die Kalkulation ermittelt. Er stellt das Bindeglied zwischen Kostenstellen- und Kostenträgerrechnung dar und dient darüber hinaus der Kontrolle der Gemeinkosten.

Frage

Wie berechnet man den Break-even-point?

Antwort

Break-even-point = Gewinnschwellenpunkt, bei dem sich Erlöse und Kosten in Abhängigkeit von der Kapazitätsauslastung (ausgebrachten Menge) gerade ausgleichen.

$$x\ (\text{BEP}) = \frac{\text{Fixkosten}}{\text{Deckungsbeitrag je Stück}}$$

Ab diesem Punkt erzielt das Unternehmen mit jeder weiteren verkauften Einheit eines Produktes Gewinn.

Frage

Was sind Normalgemeinkosten?

Antwort

Normalgemein- oder auch Sollgemeinkosten sind Durchschnittskosten vergangener Abrechnungsperioden. Aus ihnen werden Normal- oder Sollzuschlagssätze berechnet, die man für die Kalkulation von Gütern und Dienstleistungen verwendet. Bei der späteren Gegenüberstellung der Normal- und der Istgemeinkosten ergibt sich eine Kostenüber- oder Kostenunterdeckung.

Frage

Unterscheiden Sie Hilfs- und Hauptkostenstellen.

Antwort

Kosten auf den **Hilfskostenstellen** werden auf andere Kostenstellen umgelegt.
Die Kosten der **Hauptkostenstellen** werden z. B. über Zuschlagssätze auf die Kostenträger umgelegt.

Frage

Unterscheiden Sie Kalkulationsfaktor und Kalkulationszuschlag.

Antwort

Kalkulationszuschlag ist der Prozentsatz, der dem Bezugspreis zugeschlagen werden muss, um zum Angebotspreis zu kommen.

(z. B. 200 € + 70% = 200 € + 140 € = 340 €)

Kalkulationsfaktor ist die Zahl, mit der der Bezugspreis multipliziert werden muss, um auf den Angebotspreis zu kommen.

(z. B. 200 € · 1,7 = 340 €)

Frage

Was ist die Handelsspanne?

Antwort

Mit der Handelsspanne müssen die Handlungskosten eines Betriebes abgedeckt werden und es sollte noch etwas für den Gewinn übrig bleiben.

$$\frac{\text{Angebotspreis} - \text{Bezugspreis}}{\text{Angebotspreis}} \cdot 100\ \%$$

Frage

Wodurch können in einer Bilanz stille Reserven (Rücklagen) entstehen?

1. Vornahme überhöhter Abschreibungen
2. Bewertung von Vermögenspositionen nach dem Höchstwertprinzip
3. Ein Grundstück verliert durch Wegfall einer Verkehrsanbindung an Wert
4. Eine Rückstellung wurde ausgesprochen großzügig bemessen
5. Wegen veränderter Kursrelationen wurde eine Schuld in Fremdwährung zum nunmehr höheren €-Wert bilanziert
6. Ein Gebäude hat im Laufe der Jahre einen deutlich höheren Verkehrswert bekommen

Antwort

1, 4 und **6**

Stille Rücklagen entstehen entweder durch Unterbewertung von Vermögensteilen oder die Überbewertung von Schulden.

Sie ergeben sich teilweise zwangsweise, da für Vermögenspositionen das Niederstwertprinzip (strenges und gemildertes) und für Schuldpositionen das Höchstwertprinzip gilt.

Frage

Unterscheiden Sie Rücklagen und Rückstellungen.

Antwort

Rücklagen gehören zum Eigenkapital und entstehen z. B. durch die Nichtausschüttung von Gewinnen (Gewinnrücklagen) oder kommen aus dem Aufgeld bei Kapitalerhöhungen (Kapitalrücklagen).

Rückstellungen gehören zum Fremdkapital und werden gebildet für Aufwendungen die von der Ursache her ins Abschlussjahr gehören, deren genaue Höhe und/oder Fälligkeit aber ungewiss ist. Unterschieden werden Pensionsrückstellungen, Steuerrückstellungen und sonstige Rückstellungen.

Frage

Unterscheiden Sie „körperliche Inventur“ und „Buchinventur“.

Antwort

Eine **körperliche** Inventur erfolgt bei körperlichen Vermögensgegenständen (Waren, BGA, Fuhrpark etc.).

Sie kann für bewegliche Anlagevermögensgegenstände entfallen, wenn in der Anlagenbuchhaltung für jeden Anlagegegenstand eine eigene **Anlagendatei** geführt wird.

Eine **buchmäßige** Inventur erstreckt sich auf nicht körperliche Vermögensgegenstände und Schulden (Darlehen, Forderungen, Bankguthaben etc.).

Frage

Welcher Zusammenhang besteht zwischen Inventur, Inventar und Bilanz?

Antwort

Inventur ist die mengen- und wertmäßige Bestandsaufnahme aller Vermögensteile und Schulden eines Unternehmens zu einem bestimmten Zeitpunkt.

Daraus ergibt sich das **Inventar** – nämlich das ausführliche Bestandsverzeichnis aller Vermögensteile und Schulden eines Unternehmens zu einem bestimmten Zeitpunkt in Staffelform.

Aus dem Inventar heraus kann man eine **Bilanz**, die kurzgefasste Gegenüberstellung von Vermögen/Aktiva und Kapital/Passiva in Kontenform erstellen.

Frage

Was versteht man unter einer verlegten Inventur?

Antwort

Bei einer verlegten Inventur darf die Inventur bis zu drei Monate vor oder zwei Monate nach dem Bilanzstichtag durchgeführt werden. Anschließend wird der Wert am Tag der Aufnahme wertmäßig auf den Bilanzstichtag fortgeschrieben (Wertfortschreibung) bzw. auf den Bilanzstichtag zurückgerechnet (Wertrückrechnung).

Vorteil ist insbesondere, dass die Inventur zu einem für das Unternehmen günstigeren Zeitpunkt durchgeführt werden kann.

Frage

Nennen Sie wichtige Bücher der Buchführung.

Antwort

Im **Journal/Grundbuch** erfolgt die zeitliche Auflistung aller Geschäftsvorfälle.

Im **Hauptbuch** erfolgt die sachliche Ordnung auf Konten.

Daneben gibt es verschiedene **Nebenbuchhaltungen**, die zusätzliche Informationen über bestimmte Konten enthalten:

- Anlagenbuchhaltung
- Debitorenbuchhaltung
- Kreditorenbuchhaltung
- Lohn- und Gehaltsbuchhaltung
- Lagerbuchhaltung

Frage

Was sind Geringwertige Wirtschaftsgüter (GWG) und wie werden sie buchhalterisch behandelt?

Antwort

GWGs sind bewegliche, selbstständig nutzbare und bewertbare Anlagegüter. § 6 (2) EStG bestimmt, dass angeschaffte oder hergestellte Anlagegüter bis 150 € Anschaffungs- oder Herstellungskosten in voller Höhe im Anschaffungsjahr als Betriebsausgabe geltend gemacht werden können. Wirtschaftsgüter, deren Anschaffungs- oder Herstellungskosten 150 €, aber nicht 1.000 € übersteigen können im Jahr der Anschaffung in einen Sammelposten aufgenommen werden, der über fünf Jahre linear abzuschreiben ist. Alternativ dazu ist auch eine Vollabschreibung am Jahresende möglich, sofern die Anschaffungs- oder Herstellungskosten über 150 € liegen, 410 € aber nicht übersteigen. Die gewählte Regelung muss in einem Jahr für alle Güter gleichartig angewendet werden.

Frage

Welche **4** der nachfolgenden Kosten zählen **nicht** zu den Anschaffungskosten eines Lkws?

1. Umatzsteuer
2. Füllung des Reservekanisters
3. Versicherung
4. Zulassungskosten
5. Kfz-Steuer
6. Sonderlackierung mit Firmen-Logo
7. Anhängerkupplung
8. Navigationssystem

Antwort

Richtige Lösungen: **1**, **2**, **3** und **5**

Nach § 255 HBG sind die Anschaffungskosten wie folgt definiert:

	Anschaffungspreis (netto)
+	Anschaffungsnebenkosten
–	Anschaffungspreisminderungen
=	Anschaffungskosten

Frage

Unterscheiden Sie Anlage- und Umlaufvermögen.

Antwort

Unter **Anlagevermögen** versteht man alle Vermögenspositionen, die einer Unternehmung auf Dauer dienen sollen (BGA, Fuhrpark, Gebäude etc.).

Unter **Umlaufvermögen** versteht man Vermögenspositionen, die zum schnellen Umschlag gedacht sind (Forderungen, Bank, Waren etc.).

Frage

Unterscheiden Sie Eigen- und Fremdkapital.

Antwort

Eigenkapital ist das Kapital, welches dem Unternehmen vom Eigner zur Verfügung gestellt worden ist.

Fremdkapital ist das Kapital, das dem Unternehmen von Unternehmensfremden, also Nichteignern, zur Verfügung gestellt worden ist (z. B. Darlehen, Anleihen, Verbindlichkeiten aus Lieferungen und Leistungen).

Frage

Ergänzen Sie das folgende Schema für die Erfolgsermittlung durch Eigenkapitalvergleich:

  Eigenkapital am Ende des Jahres
– Eigenkapital am Anfang des Jahres
+
–
____
= Gewinn oder Verlust

Antwort

EK am Ende des Jahres
− EK am Anfang des Jahres
+ **Privatentnahmen (EK-Minderungen)**
− **Privateinlagen (EK-Erhöhungen)**

= Gewinn oder Verlust

Frage

Erläutern Sie den Grundaufbau einer Bilanz.

Antwort

Eine Bilanz stellt Aktiva und Passiva gegenüber.

Die **Passivseite** gibt Auskunft über die Mittelherkunft (Eigen- und Fremdkapital), die **Aktivseite** über die Mittelverwendung (Anlage- und Umlaufvermögen).

Frage

Was versteht man unter einer permanenten Inventur und welche Vorteile bringt sie mit sich?

Antwort

Bei einer permanenten Inventur finden einzelne Inventurhandlungen über das ganze Jahr verteilt statt; sodann erfolgt eine Fortschreibung bis zum Bilanzstichtag nach Art, Menge und Wert.

Vorteile:

- Verteilung der Inventurarbeiten über das Jahr
- Inventur wird zu „günstigen" Zeiten durchgeführt (bei geringen Beständen bzw. in Zeiten geringer Kapazitätsauslastungen)

Frage

Unterscheiden Sie Kreditoren- und Debitorenbuchhaltung.

Antwort

In der Kreditoren- oder Lieferantenbuchhaltung werden die Verbindlichkeiten verwaltet, in der Debitoren- oder Kundenbuchhaltung die Forderungen.

Frage

Nennen Sie drei Grundsätze ordnungsgemäßer Buchführung.

Antwort

- Klar und übersichtlich
- Fortlaufende, vollständige, richtige und zeitgerechte Erfassung aller Geschäftsvorfälle
- Keine Buchung ohne Beleg
- Ordnungsgemäße Aufbewahrung (10 Jahre)
- Verrechnungsverbot
- Ziffern, Symbole, Buchstaben oder Abkürzungen müssen eindeutig sein

Frage

Welches Grundschema gilt für die Berechnung des Nettogehaltes oder Nettolohnes?

Antwort

Grundlohn(-gehalt)
+ Zuschläge (Überstunden etc)
+ Zulagen (Schmutz etc.)
+ Prämien
+ vermögenswirksame Leistungen des AG

= Bruttolohn (-gehalt)
– Steuern und Abgaben (LSt, SoliZ, KiSt)
– Sozialversicherung

= Nettolohn(-gehalt)
– vermögenswirksame Leistungen
– sonst. Abzüge (Pfändungen, Vorschüsse)

= Auszahlungsbetrag

Frage

Welche Funktionen hat das betriebliche Rechnungswesen?

Antwort

- Dokumentationsaufgabe
- Rechenschaftslegungs- und Informationsaufgabe
- Kontrollaufgabe
- Dispositionsaufgabe

Frage

Welche Teilgebiete umfasst das Rechnungswesen?

Antwort

Internes und externes Rechnungswesen

oder

Buchführung und Bilanz, Kosten- und Leistungsrechnung, Statistik und Planungsrechnung

Frage

Nennen Sie je zwei Handels- und Steuergesetze, die für die Buchführung von Bedeutung sind.

Antwort

Handelsgesetze:
- Handelsgesetzbuch
- Aktiengesetz
- GmbH-Gesetz
- Publizitätsgesetz

Steuergesetze:
- Einkommensteuergesetz
- Abgabenordnung
- Umsatzsteuergesetz
- Körperschaftssteuergesetz

Frage

Vermögen – Schulden = ?

Antwort

Vermögen – Schulden = **Eigenkapital** oder **Reinvermögen**

Frage

Nennen und erläutern Sie die Formel für die Eigenkapitalquote.

Antwort

$$\frac{\text{Eigenkapital}}{\text{Gesamtkapital}} \cdot 100\ \%$$

Auch genannt „Grad der finanziellen Unabhängigkeit".

Je höher die Eigenkapitalquote, desto sicherer und unabhängiger ist das Unternehmen und desto weniger Fremdkapitalzinsen fallen an.

Frage

Nennen und erläutern Sie die Formel für die Anlagenquote (Anlagenintensität).

Antwort

$$\frac{\text{Anlagevermögen}}{\text{Gesamtvermögen}} \cdot 100\ \%$$

Eine hohe Anlagenquote kann wegen hoher fixer Kosten (Abschreibungen) zu Schwierigkeiten bei der Anpassung an sich verändernde (insbesondere verschlechternde) Marktverhältnisse führen.

Frage

Nennen und erläutern Sie die Formel für die Gesamtkapitalrentabilität.

Antwort

$$\frac{\text{Gewinn} + \text{Fremdkapitalzinsen}}{\text{Gesamtkapital}} \cdot 100\ \%$$

Bei Einzelunternehmungen oder Personengesellschaften muss der Gewinn um einen evtl. kalkulatorischen Unternehmerlohn vermindert werden.

Frage

Nennen und erläutern Sie die Formel für die Eigenkapitalrentabilität.

Antwort

$$\frac{\text{Gewinn}}{\text{Eigenkapital}} \cdot 100\ \%$$

Bei Einzelunternehmungen oder Personengesellschaften muss der Gewinn um einen evtl. kalkulatorischen Unternehmerlohn vermindert werden.

Frage

Nennen und erläutern Sie die Formel für die Liquidität II.

Antwort

$$\frac{\text{Flüssige Mittel} + \text{Forderungen}}{\text{Kurzfristiges Fremdkapital}} \cdot 100\ \%$$

Die Liquidität II dient der Überwachung der Zahlungsbereitschaft. Im Gegensatz zur Liquidität I werden zusätzlich Forderungen, die kurzfristig fällig sind, mit einbezogen. Schließlich ist üblicherweise auch nicht alles Fremdkapital sofort fällig.

Frage

Nennen und erläutern Sie die Formel für die Liquidität I.

Antwort

$$\frac{\text{Flüssige Mittel}}{\text{Kurzfristiges Fremdkapital}} \cdot 100\ \%$$

Auch genannt Barliquidität. Kurzfristig fälliges Fremdkapital soll durch sofort verfügbares Geld (insbesondere Bargeld und Bankguthaben) abgesichert sein, damit es keinesfalls zur Illiquidität kommt.

Frage

Nennen und erläutern Sie die Formel für die Umsatzrentabilität.

Antwort

$$\frac{\text{Gewinn}}{\text{Umsatz}} \cdot 100\ \%$$

Bei Einzelunternehmungen oder Personengesellschaften muss der Gewinn um einen evtl. kalkulatorischen Unternehmerlohn vermindert werden.

Frage

Nennen und erläutern Sie die Formeln für die Anlagendeckung I und II.

Antwort

$$\text{Anlagendeckung I} = \frac{\text{Eigenkapital}}{\text{Anlagevermögen}} \cdot 100\ \%$$

$$\text{Anlagendeckung II} = \frac{\text{Eigenkapital + langfr. Fremdkapital}}{\text{Anlagevermögen}} \cdot 100\ \%$$

Auch Deckungsgrad I und II genannt. Anlagevermögen soll dem Unternehmen auf Dauer dienen und sollte daher langfristig finanziert sein. In der auch **Goldene Bilanzregel** genannten strengeren Form soll das nur durch Eigenkapital geschehen in der nach der **Silbernen Bilanzregel** abgeschwächten Form wird dazu auch langfristiges Fremdkapital herangezogen.

Frage

Was ist der RoI?

Antwort

Return **o**n **I**nvestment

$$\text{RoI} = \frac{\text{Gewinn}}{\text{Umsatz}} \cdot \frac{\text{Umsatz}}{\text{inv. Kapital}} \cdot 100\ \%$$

Aus der Formel kann man ersehen, dass eine Kapitalrentabilitätssteigerung durch eine Verbesserung der Umsatzrentabilität und/oder eine Erhöhung des Kapitalumschlages herbeigeführt werden kann.

Frage

Was versteht man unter dem Cashflow?

Antwort

Messzahl für die Selbstfinanzierungskraft. Sie gibt an, welche im Geschäftsjahr selbst erwirtschafteten Mittel dem Unternehmen zur Verfügung stehen für die Finanzierung von Investitionen, Schuldentilgung und Gewinnausschüttung.

  Jahresüberschuss
\+ Abschreibungen
\+ Zuführung zu langfristigen Rückstellungen

= Cashflow

Frage

Was versteht man unter „Controlling“?

Antwort

Es handelt sich um einen ständigen Prozess der Informationsverarbeitung mit dem Ziel der optimalen Planung, Überwachung, Analyse und Steuerung des Unternehmensgeschehens. Instrumente sind vor allem Budgetierung, Plan-Ist-Vergleiche, Kennzahlensysteme und Berichtswesen.

Anwendungsbereiche sind z. B. Beschaffungs-, Absatz-, Personal-, Beteiligungs- und Finanzcontrolling.

Frage

Bis wann muss man üblicherweise eine monatliche Umsatzsteuervoranmeldung machen?

Antwort

Bis zum 10. des Folgemonats, bzw. mit Dauerfristverlängerung einen Monat später

Frage

Wie lautet die Formel für Wirtschaftlichkeit?

Antwort

$$\text{Wirtschaftlichkeit} = \frac{\text{Ertrag (Leistung)}}{\text{Aufwand (Kosten)}}$$

Mit dieser Kennziffer will man feststellen, ob das Unternehmen mit den eingesetzten Mitteln wirtschaftlich umgegangen ist, ob also Ertrag und Aufwand in einem guten Verhältnis stehen.

Frage

Eine Rechnung wurde incl. 9 % Verzugszinsen für 30 Tage bezahlt. Der Überweisungsbetrag lautete über 3.601,81 €. Wie hoch waren die überwiesenen Verzugszinsen?

Antwort

26,81 €

30 Tage zu 9 % sind umgerechnet 0,75 % des ursprünglichen Rechnungsbetrages.

$$\frac{3.601,81\ €}{100,75} * 0,75 = 26,81\ €$$

Frage

Skizzieren Sie den groben Ablauf einer Mediaplanung.

Antwort

Briefing

Konkurrenzanalyse

Festlegung der Mediazielgruppe

Ableitung von Mediazielen

Intermediavergleich

Intramediavergleich

Erstellung von Mediaplänen

Evaluierung und Optimierung

Streu- und Kostenplan

Mediaeinkauf

Durchführung und Kontrolle des Mediaplanes

Frage

Bringen Sie die folgenden Schritte beim Ablauf eines Kundenprojektes in die richtige Reihenfolge:

- Produktion von Werbemitteln
- Einkauf von Bildrechten
- Erstellung eines Kostenvoranschlages
- Endabrechnung und Budgetkontrolle
- Layouterstellung
- Kundenbriefing

Antwort

1. Kundenbriefing
2. Erstellung eines Kostenvoranschlages
3. Layouterstellung
4. Einkauf von Bildrechten
5. Produktion von Werbemitteln
6. Endabrechnung und Budgetkontrolle

Frage

Welche Bestandteile zeichnen eine Datenbank im Rahmen des Database Marketings aus?

Antwort

Zusätzlich zu den klassischen Personendaten enthält eine Database Fakten zum Kaufverhalten, zur Zahlungsmoral, zum Umfeld und zu Vorlieben des Kunden, also zu allen Parametern, die eine persönliche Ansprache des Kunden im Direktmarketing erleichtern.

Frage

Nennen und erläutern Sie die beiden Begriffe, die sich für den Begriff „Mundpropaganda“ auch im deutschen Sprachraum etabliert haben.

Antwort

Unter den Begriffen Viralmarketing bzw. Empfehlungsmarketing versteht man die systematische Förderung positiver Empfehlungen für Produkte und Dienstleistungen durch Dritte. Dies kann z. B. durch die Weitergabe von Visitenkarten und Belohnungen für Empfehlungen erreicht werden.

Frage

Mithilfe welcher qualitativen Verfahren lässt sich Kundenzufriedenheit messen?

Antwort

- **Direkte Beobachtung**: Focus-Gruppen, Video-Monitoring
- **Indirekte Beobachtung**: Mystery Customer Research
- **Befragung**: Beschwerdemanagement

Frage

Nennen Sie drei Belege, die nach dem HGB zehn Jahre aufbewahrt werden müssen.

Antwort

- Handelsbücher
- Inventare
- Eröffnungsbilanzen und Jahresabschlüsse
- Buchungsbelege
- Organisationsunterlagen
- Arbeitsanweisungen, die zum Verständnis von Bilanzen erforderlich sind
- Lageberichte, Konzernabschlüsse, Konzernlagebericht

Frage

Unterscheiden Sie ökonomische und außerökonomische Werbeerfolgskontrolle.

Antwort

Ökonomisch: Es wird die Wirkung auf Umsatz, Absatz, Gewinn etc. gemessen.

Außerökonomisch: Es wird die Wirkung auf Image, Bekanntheit etc. gemessen.

Frage

Nennen Sie Selektionsmöglichkeiten, die Ihnen üblicherweise von Adressverlagen zur Auswahl bereitgestellt werden.

Antwort

Selektion nach

- **zielgruppenspezifischen** Merkmalen wie z. B. Branchen, Unternehmensgröße, Hierarchiestufe etc.
- **Adresselementen** wie z. B. Postleitzahl, Anrede, Namen etc.

Frage

Was versteht man unter Listbroking?

Antwort

Unter Listbroking versteht man die Anmietung von Adresslisten anderer Unternehmen über Adressverlage. Die Adresslisten stammen meist aus den Anfragen potenzieller Kunden.

Aus den themenbezogenen Anfragen lässt sich schließen, dass diese Kunden auch für das eigene Unternehmen interessant sind.

Frage

Nennen Sie die klassischen Elemente eines Mailings.

Antwort

- Versandhülle
- Werbebrief
- Antwortkarte
- Prospekt

Frage

Ordnen Sie die folgenden Auflagen einer gewöhnlichen Abo-Zeitung nach der Auflagenhöhe. Beginnen Sie mit der höchsten Auflage.

- Verkaufte Auflage
- Verbreitete Auflage
- Druckauflage
- Abo-Auflage
- Frei-Exemplare

Antwort

1. Druckauflage
2. Verbreitete Auflage
3. Verkaufte Auflage
4. Abo-Auflage
5. Frei-Exemplare

Frage

Den prozentualen Anteil der Rückläufer von Printmedien an der Gesamtauflage bezeichnet man als ....

Antwort

Den prozentualen Anteil der Rückläufer von Printprodukten an der Gesamtauflage bezeichnet man als **Remissionsquote**.

Frage

Wodurch unterscheiden sich im Printbereich die verbreitete von der verkauften Auflage?

Antwort

Verbreitete Auflage

– Werbeexemplare

– Freiexemplare

= verkaufte Auflage

Frage

Was versteht man unter einem Anzeigensplit(ting)?

Antwort

Geografischer Anzeigensplit:
Mit einer Anzeige wird nur ein Teil der Auflage belegt (z. B. nach Nielsen-Gebieten)

Mechanischer Anzeigensplit:
Eher seltenes Verfahren, bei dem z. B. mehrere jeweils verschiedene Motive innerhalb einer Ausgabe abgedruckt werden; die Motive A und B erscheinen beispielsweise abwechselnd in jeder zweiten Ausgabe.

Frage

Welche der folgenden Aussagen ist **falsch**?

1. Die Ausstrahlung klassischer 30 Sek.-Spots ist beim ZDF nach 20 Uhr verboten.
2. Düsseldorf befindet sich im Nielsengebiet 2.
3. Im Printbereich gilt:
   LpA = LpE · Druckauflage
4. Die Format-Bezeichnung „6/7 RF“ im TZ-Bereich bedeutet, dass das Medium 6 Textspalten und 7 Anzeigenspalten besitzt.

Antwort

Die Aussage **3** ist falsch.

Richtig wäre: Im Printbereich gilt
LpA = LpE · verkaufte Auflage

Frage

Was versteht man unter einem Tandem-Spot?

Antwort

Zwei inhaltlich verbundene jedoch durch andere Werbespots getrennte Spots innerhalb eines Werbeblocks.

Frage

Wie heißt das IP-Online Buchungssystem?

Antwort

COOL

Frage

Worauf ist bei der Erstellung von Pressetexten unbedingt zu achten?

Antwort

- Aktualität
- Verständlichkeit
- Wahrheit
- Zuverlässigkeit

Frage

Was versteht man unter einem Advertorial?

Antwort

Anzeige im redaktionellen Gestaltungsstil. Nach dem Pressegesetz Kennzeichnungspflicht durch das Wort „Anzeige“.

Frage

Ordnen Sie die folgenden Werbemittel den unten stehenden Werbeträgern zu!

1. Eckfeld-Anzeigen
2. Beihefter
3. Einteiliges Poster mit Konterdruck
4. 20 m-Film
5. 15 Sekunden-Spot

Werbeträger

a) Funk
b) Tageszeitung
c) Kino
d) Zeitschrift
e) City-Light-Fläche

Antwort

a) 5
b) 1
c) 4
d) 2
e) 3

Frage

Nennen Sie drei Werbeformen aus dem Bereich der Außenwerbung.

Antwort

- Großfläche
- City lights
- Litfaßsäule
- Megaposter
- Blow ups/Riesenposter
- Verkehrsmittelwerbung

Frage

Welche der folgenden Aussagen sind richtig?

1. Die höchsten Reichweiten im Hörfunk liegen zwischen 20 und 22.30 Uhr.
2. Eine Media-Agentur führt Schaltungen im Auftrag von Werbeträgern durch.
3. AE kennzeichnet eine zusätzliche Rabatt-Art für Werbetreibende.
4. Eine Dekade kennzeichnet den Schaltungszeitraum im TV-Bereich.

Antwort

Keine der Aussagen ist richtig.

Zu 1. Die höchsten Reichweiten werden im Hörfunk am frühen Vormittag erzielt.

Zu 2. Eine Media-Agentur führt Schaltungen im Auftrag ihrer Werbung treibenden Kunden durch.

Zu 3. AE steht für Annoncen-Expeditions-Provision.

Zu 4. Dekade ist die übliche Nutzungsdauer bei Plakatanschlägen.

Frage

Welche der folgenden Aussagen sind richtig?

1. Tageszeitungen werden üblicherweise nicht im Lesezirkel geführt.
2. Eine Panorama-Anzeige besitzt immer einen Bunddurchdruck.
3. Eine Anzeigen-Strecke liegt i.d.R. dann vor, wenn mindestens drei aufeinander folgende ganzseitige Anzeigen in einer Ausgabe von einem Auftraggeber belegt werden.

Antwort

Alle Aussagen sind richtig.

Frage

Welche der folgenden Aussagen ist richtig?

1. Von den gesetzlichen Werbezeitenbeschränkungen sind nur die öffentlich-rechtlichen Fernsehanstalten betroffen. Für private TV-Programme gelten keine Beschränkungen.
2. Da das TV-Programm „WDR 3“ werbefrei ist, zählt das Programm zum sogenannten Free-TV.
3. Wenn nach einem TV-Spielfilm ein Werbeblock kommt und danach eine Sportsendung beginnt, so nennt man diesen Werbeblock auch „Scharnierblock“.

Antwort

Richtige Lösung: **3**

Zu 1. Auch private Programme haben Beschränkungen, z. B. in Bezug auf die Anzahl und die relative Länge der Werbeunterbrechungen.

Zu 2. Auch die „Dritten" bekommen einen Anteil am „Gebührenkuchen".

Frage

Welche **3** der folgenden Werbeträger fallen unter Werbeträgerkontakt mit eventuellem Werbemittelkontakt?

1. Plakatwand

2. Riesenposter

3. TV-Zeitschrift

4. Ganzbemalung eines Linienbusses

5. Fernsehprogramm der ARD

6. Werbeprospekt

7. Eins-Live - Hörfunkprogramm

Antwort

Richtige Lösungen: **3**, **5** und **7**

Frage

Welche der folgenden Aussagen sind richtig?

1. City-Light-Poster sind immer beleuchtet und können nur monatlich belegt werden.
2. Direktmarketing dient der zielgruppenspezifischen Ansprache mithilfe geeigneter Werbemittel.
3. Antiqua zeichnet sich durch Serifen und einen unterschiedlichen Duktus aus.
4. Unter DTP versteht man eine Layouterstellung mithilfe eines PCs und ergänzender Hard- und Software.

Antwort

Alle Aussagen sind richtig.

Frage

Nennen Sie drei Methoden, um den Erfolg von Dienstleistungsmarketing zu überprüfen.

Antwort

- Messung des Bekanntheitsgrades der Dienstleistung
- Imageanalyse
- Akzeptanzmessung
- Analyse der Schwächen und Stärken von Arbeitern, Produkten, Konkurrenten
- Analyse der Kundenwünsche und -präferenzen
- Kundenzufriedenheitsanalyse
- Analyse der Kundenwünsche und Kundenfluktuation

Frage

Mithilfe welcher quantitativen Verfahren lässt sich Kundenzufriedenheit messen?

Antwort

- **Direkte Beobachtung**: Kaufabschlussquoten, Customer Service Audit
- **Indirekte Beobachtung**: Umsatz-Absatz-Analyse, Leistungsqualitätsindikatoren, Kunden-Wert-Management
- **Befragung**: Kundenbarometer, Kundenzufriedenheitsindex

Frage

Wobei hilft eine ABC-Analyse?

Antwort

- Wesentliches von Unwesentlichem zu unterscheiden
- Aktivitäten schwerpunktmäßig dorthin zu lenken, wo man mit gegebenem Ressourceneinsatz den größten Erfolg erzielen kann
- Effizienz von Maßnahmen durch die Möglichkeit eines gezielten Einsatzes zu erhöhen

Frage

Bringen Sie die folgenden Bearbeitungsschritte in die richtige Reihenfolge:

- Andruck
- Druckplattenherstellung
- Satz
- Andruckkontrolle
- Auflagendruck
- Druckvorlagenherstellung

Antwort

- Satz
- Druckvorlagenherstellung
- Druckplattenherstellung
- Andruck
- Andruckkontrolle
- Auflagendruck

Frage

Erläutern Sie stichwortartig das Zustandekommen eines Stundensatzes für Agenturleistungen.

Antwort

Es sind zunächst die Kosten (Personalkosten, Raumkosten, Büromaterial, kalkulatorische Abschreibungen ....) einer Kostenstelle (Kundenberatung/Kontakt, Kreation/Text, Marktforschung, Produktion ....) zu planen und auf die geplanten abzurechnenden Stunden zu verteilen. Schließlich wird auf diese Selbstkosten ein Gewinnzuschlag zugerechnet.

  Selbstkosten pro Stunde
\+ Gewinnzuschlag
= Stundensatz

Frage

Umschreiben Sie stichwortartig die Aufgabenbereiche der folgenden Berufe:

- Mediaplaner
- Texter
- Reinzeichner
- Grafiker

Antwort

Der **Mediaplaner** ist verantwortlich für die gesamte Konzeption von Werbekampagnen bis zur Kosten- und Erfolgskontrolle.

Texter entwickeln Texte für Werbemittel wie Plakate, Prospekte, Anzeigen, Radio- und Werbespots, Internet-Auftritte.

Der **Reinzeichner** erbringt die endgültige Umsetzung der Entwürfe des Grafikers oder Art Directors in druckfähige Dateien mit den entsprechenden Programmen.

Grafiker fertigen per Hand oder mit Hilfe des Computers Zeichnungen und Gestaltungen an. Sie illustrieren und gestalten unter anderem Broschüren, Anzeigen, Werbemittel und Verpackungen.

Frage

Nennen Sie die Produktionsphasen im Rahmen einer Werbefilmproduktion.

Antwort

Pre-Production wie Drehbucherstellung, Location-Suche, Darstellerauswahl, Organisation von Studio und Crew usw.

Production wie Aufnahme, Maske, Erstellung von Grafikelementen, Animationen usw.

Post-Production wie Materialsichtung, Synchronisierung, Schnitt, Tonabmischung usw.

Frage

Was versteht man unter einem Storyboard?

Antwort

Ein Storyboard bzw. Szenenbuch ist die verkürzte zeichnerische Version eines Drehbuchs. Es wird vor Drehbeginn eingesetzt zur Visualisierung von Drehbüchern und Planung einzelner Filmszenen.

Frage

Was versteht man unter einem Agenturpitch?

Antwort

Beim **Agenturpitch** handelt es sich um einen Wettbewerb zwischen verschiedenen Agenturdienstleistern um den Etat eines Unternehmens. Ausgesuchte Agenturen präsentieren dabei dem Auftraggeber individuell erarbeitete Lösungen und hoffen dadurch den Zuschlag für Folgeaufträge der nächsten Jahre zu erhalten.

Frage

Was versteht man unter SEO-Marketing?

Antwort

Beim Search Engine Optimization (SEO) oder auch Suchmaschinenoptimierung werden die Sortieralgorithmen von Suchmaschinen mit dem Ziel untersucht, die eigenen Webseiten so zu gestalten, das sie bei den unbezahlten Ergebnissen auf den vorderen Plätzen erscheinen.

Frage

Was versteht man unter Targeting?

Antwort

Unter **Targeting** oder **Online-Targeting** versteht man das zielgruppenorientierte Einblenden von Werbung auf Webseiten. Unterschieden werden z. B.

- Semantisches Targeting
- Geo-Targeting
- Predictive-Behavioral-Targeting
- Social-Media-Targeting
- Content-Targeting
- Re-Targeting
- Keyword-Targeting

Frage

Was versteht man unter Retargeting?

Antwort

Beim Retargeting werden Besucher eines Online-Angebots markiert, damit sie beim Surfen im Netz immer wieder mit Werbung für die besuchte Website konfrontiert werden können. Ziel ist es, das vermutlich bereits vorhandene Interesse an einem Produkt aufrecht zu erhalten.

Frage

Was versteht man unter dem Double-Opt-In-Verfahren?

Antwort

Beim Double-Opt-In-Verfahren muss der Eintrag in einer Abonnentenliste, z. B. für einen Newsletter, in einem zweiten Schritt bestätigt werden. Hierbei erhält der Abonnent in der Regel eine E-Mail, in der er um eine Bestätigung seiner angegebenen Kontaktdaten gebeten wird. Erst durch die Bestätigung wird die Registrierung wirksam.

Frage

Was versteht man unter der VG Wort?

Antwort

Es handelt sich um die Verwertungsgesellschaft Wort. In ihr haben sich Autoren, Übersetzer und Verlage zur gemeinsamen Verwertung von Urheberrechten zusammengeschlossen. Zweck der Gesellschaft ist es, die ihr vertraglich anvertrauten Nutzungsrechte und Vergütungsansprüche ihrer Mitglieder treuhänderisch wahrzunehmen. Dies bedeutet unter anderem, eine angemessene Vergütung der Autoren und Verlage sicherzustellen und Geld von denjenigen zu kassieren, die das geistige Eigentum anderer nutzen. Die vereinnahmten Gelder werden anschließend an Autoren und Verlage weitergeleitet.

Frage

Was verbirgt sich hinter der Abkürzung Gema?

Antwort

Gema steht für „Gesellschaft für musikalische Aufführungs- und mechanische Vervielfältigungsrechte“.

Sie vertritt in Deutschland die Nutzungsrechte aus dem Urheberrecht von Komponisten, Textdichtern und Verlegern von Musikwerken, sofern sie in der Gema organisiert sind.

Frage

Was versteht man unter einfachen und ausschließlichen Nutzungsrechten?

Antwort

Nach § 31 UrhG (Gesetz über Urheberrecht und verwandte Schutzrechte) kann der Urheber einem anderen das Recht einräumen, das Werk auf einzelne oder alle Nutzungsarten zu nutzen. Das Nutzungsrecht kann als einfaches oder ausschließliches Recht sowie räumlich, zeitlich oder inhaltlich beschränkt eingeräumt werden.

Ein **einfaches Nutzungsrecht** berechtigt zur vertraglichen Nutzung durch den Nutzungsberechtigten, hindert den Urheber aber nicht an eigenen Verwertungshandlungen oder an der Einräumung weiterer einfacher Nutzungsrechte.

Ein **ausschließliches Nutzungsrecht** schließt den Urheber von eigenen Verwertungshandlungen sowie von der Vergabe weiterer Nutzungsrechte aus. Der Inhaber eines ausschließlichen Nutzungsrechts hat neben dem Urheber ein eigenes Klagerecht, das sich auch gegen den Urheber selbst wegen Verletzung des ausschließlichen Nutzungsrechts richten kann.

Frage

Was versteht man unter einem Buyout-Vertrag?

Antwort

In einem Buyout-Vertrag räumt der Urheber seinem Vertragspartner umfassende Nutzungsrechte an seinem Werk ein und wird dafür mit einer einmaligen Pauschalvergütung abgefunden.

7. Auflage 2016 · Best.-Nr. 2833

ISBN 978-3-95532-833-7

Zu diesen Lernkarten gehört auch noch das Modul
Entwicklung von Marketing- und Kommunikationskonzepten

Lernkarten zu **Wirtschafts- und Sozialkunde** können separat bestellt werden (Best.-Nr. 786).

Cronenberger Straße 58 · 42651 Solingen
Telefon: 0212 22207-0 · Telefax: 0212 208963
Internet: www.u-form.de · E-Mail: uform@u-form.de

GUCKST DU!

Frage

Was versteht man unter dem Median?

Antwort

Beim Median, auch **Zentralwert** genannt, handelt es sich um einen Mittelwert. Es ist derjenige Merkmalswert, der die geordnete Reihe der Merkmalswerte halbiert.
Bsp.: Bei einer Marktuntersuchung wird in elf (zehn) Geschäften der Preis für ein Produkt festgestellt.

Elf: 33 35 37 37 38 **39** 42 43 45 46 47
(Median: 39)

Zehn: 33 35 37 37 **38 39** 42 43 45 46
(Median: ½ (38 + 39) = 38,5)

Frage

Was versteht man unter dem Modus?

Antwort

Beim Modus, auch **häufigster Wert** genannt, handelt es sich um einen Mittelwert. Es ist derjenige Merkmalswert, der am häufigsten auftaucht.
Bsp.: Bei einer Marktuntersuchung wird in elf Geschäften der Preis für ein Produkt festgestellt.

33 35 **37 37 37** 39 42 42 45 46 47 (Modus: **37**)

Es kann auch mehrere häufigste Werte geben:

33 35 **37 37 37** 39 **42 42 42** 46 47 (Modi: **37** und **42**)

Frage

Skizzieren Sie die Bedürfnispyramide nach Maslow.

Antwort

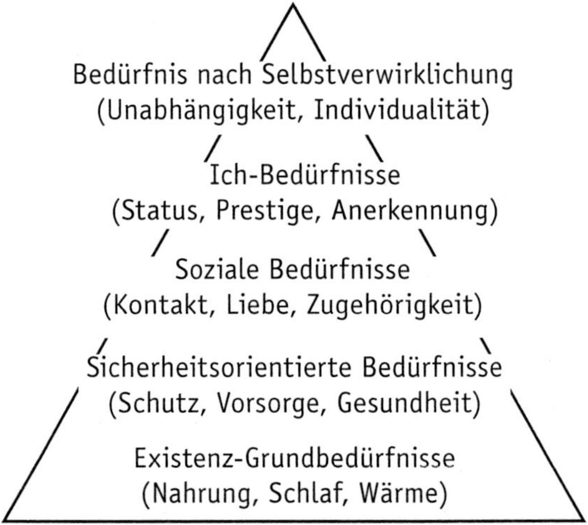
Bedürfnis nach Selbstverwirklichung
(Unabhängigkeit, Individualität)
Ich-Bedürfnisse
(Status, Prestige, Anerkennung)
Soziale Bedürfnisse
(Kontakt, Liebe, Zugehörigkeit)
Sicherheitsorientierte Bedürfnisse
(Schutz, Vorsorge, Gesundheit)
Existenz-Grundbedürfnisse
(Nahrung, Schlaf, Wärme)

Frage

Vor der Entwicklung einer Werbestrategie für ein Produkt, muss unter anderem das **zu bewerbende Unternehmen** analysiert werden. Nennen Sie wenigstens vier Aspekte, die im Zusammenhang damit ermittelt werden müssen.

Antwort

Das Unternehmen muss analysiert werden, z. B. hinsichtlich

- Produkt- und Leistungspalette
- früherer Kommunikationsmaßnahmen
- Preisstellung(en)
- Distributionswege
- Corporate Identity
- Unternehmensgeschichte
- finanzieller Lage
- Positionierung des Unternehmens sowie seiner Produkte, Leistungen und Marken

Frage

Vor der Entwicklung einer Werbestrategie für ein Produkt, muss unter anderem die **Marktsituation** analysiert werden. Nennen Sie wenigstens vier Aspekte, die im Zusammenhang damit ermittelt werden müssen.

Antwort

Die Marktsituation muss analysiert werden, z. B. hinsichtlich

- Marktvolumen
- Marktpotenzial
- Sättigungsgraden
- Marktentwicklung
- Entwicklung von Teilmärkten

Frage

Vor der Entwicklung einer Werbestrategie für ein Produkt, müssen unter anderem die **potenziellen Zielgruppen/Konsumenten** analysiert werden.
Nennen Sie wenigstens vier Aspekte, die im Zusammenhang damit ermittelt werden müssen.

Antwort

Die potenziellen Zielgruppen/Konsumenten müssen analysiert werden, z. B. hinsichtlich ihrer/s

- Anzahl
- Kauf-, Verwendungs- und Gebrauchsgewohnheiten
- Markentreue
- Einstellungen, Motive und Interessen
- Ausgabebereitschaft
- Involvements
- Wünsche und Vorstellungen bezüglich der Produkte und Leistungen

Frage

Vor der Entwicklung einer Werbestrategie für ein Produkt, muss unter anderem die **Konkurrenzsituation** analysiert werden. Nennen Sie wenigstens vier Aspekte, die im Zusammenhang damit ermittelt werden müssen.

Antwort

Die Wettbewerber müssen analysiert werden, z. B. hinsichtlich ihrer

- Anzahl
- Produkt- und Leistungspalette
- Positionierungen
- Preisstellungen
- Vertriebswege
- Marktanteile
- Kommunikationsmaßnahmen
- Werbeaufwendungen

Frage

Welche Marktformen ergeben sich in Abhängigkeit von der Anzahl der Anbieter und der Nachfrager?

Antwort

	Ein Nachfrager	Wenige Nachfrager	Viele Nachfrager
Ein Anbieter	Zweiseitiges Monopol	Beschränktes Angebotsmonopol	Angebotsmonopol
Wenige Anbieter	Beschränktes Nachfragemonopol	Zweiseitiges Oligopol	Angebotsoligopol
Viele Anbieter	Nachfragemonopol	Nachfrageoligopol	Polypol

Frage

Welche **2** der folgenden Märkte sind typisch für ein Polypol?

1. Markt für Baukräne

2. Markt für Beförderung von Paketen

3. Markt für Süßwaren

4. Markt für Schnittblumen

Antwort

Richtige Lösungen: **3** und **4**

Beim Polypol treffen viele Anbieter und viele Nachfrager aufeinander.

Frage

In welche zwei Bereiche unterteilt sich die Marktforschung nach ihren Erhebungsmethoden?

Antwort

Primär- und Sekundärforschung

Primärforschung (Field Research):
Informationen werden durch Befragung oder Beobachtung gewonnen.

Sekundärforschung (Desk Research):
Bereits vorhandene oder zu anderen Zwecken erhobene Daten werden beschafft und ausgewertet.

Frage

Nennen Sie drei Methoden der Primärerhebung.

Antwort

- **Befragung**
  (z. B. über Einstellungen, zukünftiges oder vergangenes Kaufverhalten der Befragten)
- **Beobachtung**
  (z. B. des Einkaufsverhaltens von Personen)
- **Experiment** oder **Test**
  (z. B. Feststellung von Abhängigkeiten zwischen Verpackungsdesign und Umsatz)

Frage

Nennen Sie fünf Marktkennziffern.

Antwort

- Marktpotenzial
- Absatzpotenzial
- Marktvolumen
- Absatzvolumen
- Marktanteil
- Marktsättigung

Frage

Unterscheiden Sie die Begriffe Marktpotenzial, Absatzpotenzial, Marktvolumen und Absatzvolumen.

Antwort

Marktpotenzial:
Maximale Absatzmenge eines Produktes auf einem Markt

Absatzpotenzial:
Anteil am Marktpotenzial, den ein Unternehmen maximal zu erreichen glaubt

Marktvolumen:
Realisierte Umsätze oder Absätze **aller** Unternehmen einer Periode in einem bestimmten Markt

Absatzvolumen:
Summe der Umsätze oder Absätze **eines** Unternehmens pro Periode in einem bestimmten Markt

Frage

Unterscheiden Sie Marktanalyse und Marktbeobachtung.

Antwort

Marktanalyse:

Untersucht die **Struktur** von Teilmärkten zu einem bestimmten **Zeitpunkt** (häufig vor der Markteinführung eines Produktes).

Marktbeobachtung:

Verfolgt die **Entwicklungen** und **Veränderungen** des Marktes über einen längeren **Zeitraum**. Zeigt Wandlungen und Tendenzen auf.

Frage

Wie errechnet sich der Marktanteil?

Antwort

$$\frac{\text{Unternehmensumsatz/absatz}}{\text{Marktvolumen}} \cdot 100\,\%$$

Er gibt Auskunft über den eigenen Anteil am Gesamtmarkt.

Frage

Was versteht man unter den Nielsengebieten und in welche Gebiete wird die Bundesrepublik Deutschland aufgeteilt?

Antwort

In diesen Gebieten werden regelmäßige Strukturanalysen über Bevölkerung, Einkommen, Handel und Handwerk durchgeführt:

1 Hamburg, Bremen, Schleswig-Holstein, Niedersachsen

2 Nordrhein-Westfalen

3a Hessen, Rheinland-Pfalz, Saarland

3b Baden-Württemberg

4 Bayern

5 + 6 Berlin, Mecklenburg-Vorpommern, Brandenburg, Sachsen-Anhalt

7 Thüringen, Sachsen

Frage

Ordnen Sie die Nielsenkennziffern 1 bis 7 den folgenden Bundesländern zu:

a) Nordrhein-Westfalen
b) Bayern
c) Mecklenburg-Vorpommern
d) Bremen
e) Berlin
f) Thüringen
g) Saarland
h) Baden-Württemberg

Antwort

a) Nordrhein-Westfalen: 2
b) Bayern: 4
c) Mecklenburg-Vorpommern: 5 + 6
d) Bremen: 1
e) Berlin: 5 + 6
f) Thüringen: 7
g) Saarland: 3a
h) Baden-Württemberg: 3b

Frage

Was versteht man im Neuromarketing unter den Big 3?

Antwort

Die Marketingkommunikation versucht die Motivstruktur des Menschen für sich zu nutzen. Unterschieden werden die folgenden menschlichen Grundmotive:

Balance / Sicherheit: Hierzu gehören die menschlichen Grundbedürfnisse, ebenso wie Stabilität, Ordnung, Fürsorge und Zuverlässigkeit.

Dominanz / Autonomie: Hier geht es insbesondere um Durchsetzung, Macht, Status und Leistung.

Stimulanz / Erregung: Hierzu gehören u.a. Neugier, Erlebnishunger und Kreativität, also die Suche nach Neuem.

Frage

Für die Zielgruppenanalyse benutzt die Kommunikationsforschung verschiedene Datenquellen.

Welche Quellen verbergen sich hinter den folgenden Abkürzungen?

MA, VA, KVA, AWA, TdW, LAE, KA

Antwort

MA = Media Analyse

VA = Verbraucher Analyse

KVA = Kids Verbraucher Analyse

AWA = Allensbacher Werbeträger Analyse

TdW = Typologie der Wünsche

LAE = Leseranalyse, Entscheidungsträger

KA = Kommunikationsanalyse

Frage

Nennen Sie vier Anforderungen an eine Zielgruppenabgrenzung.

Antwort

Trennschärfe liegt vor, wenn eine Person eindeutig einer Zielgruppe zugeordnet werden kann.

Auffindbarkeit/Realisierbarkeit liegt vor, wenn die über bestimmte Merkmale beschriebenen Personen einer Zielgruppe auch tatsächlich existent und auffindbar sind.

Erreichbarkeit liegt vor, wenn die Zielpersonen über Kommunikationsmaßnahmen auch tatsächlich erreichbar sind.

Homogenität liegt vor, wenn sich die Personen der Zielgruppe bezüglich der wichtigen Merkmale nicht oder nur sehr wenig unterscheiden.

Frage

Was versteht man unter einem Selling Center?

Antwort

Als Selling Center wird die gedankliche, teilweise aber auch organisatorische Zusammenfassung der auf der Anbieterseite an Verkaufsverhandlungen beteiligten Personen bezeichnet, z. B. technisch versierte Fachleute, Controlling-Spezialisten, Instandhalter. Je nach Phase der Verhandlungen können die Beteiligten wechseln. Selling Center werden vor allem beim Verkauf von Investitionsgütern gebildet, die sich durch langwierige Verkaufsprozesse mit vielen Beteiligten auf der Käuferseite – dem Buying Center – auszeichnen.

Frage

Unterscheiden Sie die vier wichtigsten Marketingbereiche.

Antwort

Das **Konsumgütermarketing** vermarktet Ge- und Verbrauchsgüter als Massenprodukte.

Im **Investitionsgütermarketing (B-to-B/B2B)** werden Produkte an Unternehmen vermarktet, die diese zur eigenen Leistungserstellung benötigen.

Das **Dienstleistungsmarketing** vermarktet immaterielle Güter wie Versicherungen, Sparverträge, Reisen etc.

Handelsmarketing

Frage

Was versteht man unter einem Quotenauswahlverfahren?

Antwort

Quotenauswahlverfahren gehören zu den nicht zufälligen Auswahlverfahren. Dabei wird eine Stichprobe gezogen, bei der die Verteilung der Merkmale analog zu der der Grundgesamtheit aufgebaut ist. Die Quoten für die einzelnen Merkmale werden durch einen Quotenplan vorgegeben.

Frage

Unterscheiden Sie Befragungsarten nach dem Standardisierungsgrad.

Antwort

Je nach Größe des Spielraumes, der einem Interviewer bei einer mündlichen Befragung eingeräumt wird unterscheidet man die folgenden Interviewarten:

Beim **offenen Interview** ist der Interviewer in der Art und Reihenfolge der Befragung völlig frei, lediglich das Thema ist vorgegeben.

Beim **standardisierten Interview** sind die Fragen und ihre Reihenfolge exakt vorgeschrieben, damit der Interviewer möglichst wenig Einfluss nehmen kann.

Beim **strukturierten Interview** sind bestimmte Fragen fest vorgegeben, können aber in beliebiger Reihenfolge abgearbeitet und vom Interviewer erläutert werden.

Frage

Was versteht man unter einer Zielgruppe?

Antwort

Eine nach verschiedenen Merkmalen definierte Personen- oder Institutionengruppe, an welche sich Werbung oder ein anderes Mittel der Kommunikationspolitik eines Unternehmens richtet. Merkmale können z. B. sein

- demografische (Geschlecht, Alter, Familienstand, Haushaltsgröße, Nationalität, Wohnort etc.)
- sozioökonomische (Einkommen, Ausbildung, Beruf, soziale Schicht, Besitz etc.)
- psychologische (Persönlichkeitsmerkmale, Einstellungen, Werte, Lebensstile, Motive etc.)
- verhaltensorientierte (Markenwahl, Preisverhalten, Einkaufsstättenwahl, Kaufintensitäten, Mediennutzung etc.)
- geographische (Wohnort)

Frage

Unterscheiden Sie regionale Testmärkte, lokale Testmärkte und Storetestmärkte.

Antwort

Regionale Testmärkte sind abgegrenzte größere geografische Gebiete, in denen Produkte zu Testzwecken eingeführt werden. In Deutschland sind dies insbesondere Bremen, teilweise auch das Saarland und der Großraum Stuttgart.

Lokale Testmärkte sind dagegen i.d.R. nur kleine oder mittelgroße Städte. Von großer Bedeutung ist hier die Stadt Haßloch.

Storetestmärkte/Ladentestmärkte sind eine begrenzte Anzahl von Einzelhandelsgeschäften, in denen ein neues oder verändertes Produkt meist bundesweit angeboten wird, um es unter realen Bedingungen in verschiedenen Regionen zu testen.

Frage

Was versteht man unter Labortestmärkten?

Antwort

In einem Labortestmarkt werden Einkaufsvorgänge außerhalb der bestehenden Distributionswege simuliert, sodass der Konkurrenz der Einblick weitestgehend verwehrt ist. Die mehrwöchigen Tests laufen meist nach folgendem Muster ab:

- Auswahl eines repräsentativen Personenkreises
- Werbung für die Test- und evtl. auch Konkurrenzprodukte
- Einkauf im Testladen
- Befragung im Hinblick auf die Kaufentscheidung
- Erneute Befragung nach der Verwendung

Frage

Was versteht man unter
einem Tiefeninterview?

Antwort

Ein Tiefeninterview im Sinne der Marktforschung ist ein ausführliches Gespräch zwischen einem Psychologen oder einem psychologisch geschulten Interviewer und einem Befragten über ein vorgegebenes Thema, mit dem Ziel, Beweggründe, Meinungen, Einstellungen etc. des Befragten zu erfahren.

Frage

Nennen Sie die wichtigsten Zufallsauswahlverfahren.

Antwort

- Losverfahren
- Auswahl mit Zufallszahlen
- Systematische Auswahl
- Schlussziffernverfahren
- Geburtstagsauswahl
- Buchstabenauswahl
- Mehrstufige Zufallsauswahl
- Geschichtete Auswahl
- Klumpenauswahl/Clusterauswahl
- Flächenauswahlverfahren

Frage

Unterscheiden Sie Befragungsarten nach der Kommunikationsform.

Antwort

- schriftlich
- mündlich/face to face
- telefonisch
- computergestützt

Frage

Erläutern Sie den Zusammenhang zwischen den Begriffen Grundgesamtheit, Vollerhebung, Teilerhebung und Stichprobe.

Antwort

Die **Grundgesamtheit** umfasst alle Personen/Objekte, auf die sich eine Primärerhebung beziehen soll.

Bei einer **Vollerhebung** werden alle Personen/Objekte in z. B. eine Befragung einbezogen, bei einer **Teilerhebung** bleibt die Befragung auf einen Teil der Grundgesamtheit beschränkt.

Stichprobe ist der Teil der Grundgesamtheit, auf den sich die Erhebung beschränkt.

Frage

Unterscheiden Sie die drei Erhebungsformen Befragung, Beobachtung und Experiment.

Antwort

Bei einer **Befragung** gibt die in die Untersuchung einbezogene Person selbst Auskunft über die Befragungsthemen.

Bei einer **Beobachtung** werden sinnlich wahrnehmbare Sachverhalte oder Vorgänge systematisch erfasst, ohne dass dabei ein verbaler Kontakt zwischen Beobachter und Beobachteten erforderlich ist.

Bei einem **Experiment** soll festgestellt werden, wie sich die Veränderung einer oder mehrerer (unabhängiger) Variablen auf eine oder mehrere (abhängige) Größen auswirken.

Frage

Was versteht man unter Industriewerbung?

Antwort

Business-to-Business-Werbung, die von Unternehmen für Industriegüter gemacht wird. Angesprochen werden insbesondere Entscheider. Die Werbung versucht fachlich und sachlich korrekt zu informieren und zielt dabei insbesondere auf die Leistungsfähigkeit und technische Details eines Produktes (z. B. Röntgengerät, CNC-Maschinen etc.).

Frage

Unterscheiden Sie Komplementär- und Substitutionsgüter.

Antwort

Komplementärgüter sind sich ergänzende Produkte wie Auto und Benzin, Digitalkameras und Speicherchips, Drucker und Druckerpatronen, DVDs und DVD-Recorder etc.

Substitutionsgüter sind sich ersetzende Produkte wie Butter und Margarine, Zucker und Süßstoff, CDs und mp3-file, Bahnfahrt und Flug etc.

Frage

Nennen Sie die Panel-Effekte.

Antwort

Paneleffekt = Beeinträchtigung der Aussagekraft der Ergebnisse einer Panelbefragung:

- Panelsterblichkeit
- Verhaltensänderungen aufgrund der ständigen Kontrolle
- Kauf von Waren aus Prestigegründen (overreporting)
- Ermüdungserscheinungen und Vergesslichkeit (underreporting)
- Panelmüdigkeit/Panelroutine

Frage

Was versteht man unter
der Panelsterblichkeit?

Antwort

Panelteilnehmer scheiden aus unterschiedlichen Gründen aus der Befragung aus, wie z. B. Geschäftsaufgabe, Standortwechsel, Krankheit, Sterbefälle, Interesselosigkeit, Zeitmangel etc.

Frage

Nennen Sie vier verschiedene Arten von Interviewfragen.

Antwort

- Geschlossene Fragen
- Offene Fragen
- Skalierungsfragen
- Alternativfragen
- Mehrfachauswahlfragen
- Entweder-Oder-Fragen
- Filterfragen
- Eisbrecher-Fragen

Frage

Was verstehen Sie unter Over-Reporting?

Antwort

Aus Prestigegründen geben die Panelteilnehmer an, mehr oder andere Produkte als in Wirklichkeit gekauft zu haben.

Frage

Nennen Sie die Elemente eines Buying-Centers.

Antwort

In Großbetrieben wird der Einkauf häufig in einer zentralen Stelle konzentriert, insbesondere, um Verwaltungskosten einzusparen und Mengenrabatte auszunutzen. In solch einem Buying-Center gibt es

- Gate Keeper (Informationsselektierer)
- User (Benutzer)
- Influencer (Beeinflusser)
- Buyer (Einkäufer)
- Decider (Entscheider)

Frage

Unterscheiden Sie Produkt- und Warentest.

Antwort

Beim **Produkttest** lassen Unternehmen oder Marktforschungsinstitute Verbraucher fertige, marktfähige Produkte insgesamt oder im Hinblick auf einzelne Merkmale beurteilen.

Ein **Warentest** wird von einem neutralen Institut durchgeführt, um Verbraucher bei ihren Kaufentscheidungen zu unterstützen.

Frage

Was versteht man unter Briefing?

Antwort

Beim Briefing handelt es sich um eine schriftliche Aufgabenbeschreibung. Unterschieden werden i.d.R. Kunden- und Agenturbriefing. Das **Kundenbriefing** ist eine zusammenfassende Kurzinformation für die Agentur durch den Kunden. Wichtige Bestandteile sind:

- Aufgabenstellung (erwartete Leistung)
- Situationsdarstellung (Information und Analyse)
- Zielsetzung (Zusammenfassung und Fixierung der Ziele)
- Strategie (Methode zur Erreichung der Ziele)
- Planung (Zeit- und Kostenplan)
- Kontrolle (Beurteilungsmassstäbe für das Ergebnis).

Das Kundenbriefing wird nach Verabschiedung durch die Klienten und die Agentur meist in ein internes Briefing – **Agenturbriefing** – aufgelöst. Diese Agenturbriefings definieren die genauen Aufgaben für die einzelnen Agenturmitarbeiter. Teilweise werden die Begriffe Kunden- und Agenturbriefing auch synonym verwendet.

Frage

Nennen Sie wichtige Briefingbestandteile.

Antwort

- **Hintergrundinformationen** (Unternehmen, Corporate Identity, Wettbewerbssituation etc.)
- **Aufgabenstellung** (erwartete Agenturleistung)
- **Ziele** (Marketing-, Produkt-, Preis-, Distributions-, Kommunikations- und Werbeziele)
- **Zielgruppen** (Marketing-, Kommunikations-, Mediazielgruppe)
- **Positionierung**
- **Zeitrahmen** (Präsentationstermine, Kampagnenstart und -dauer)
- **Werbekonstante** (Corporate Design, Firmenfarben, Slogans etc.)
- **Vorgabe strategischer Eckpunkte** (bestimmte Medien, bestimmte Kommunikationsmaßnahmen etc.)
- **Budget**

Frage

Was versteht man unter einem Kreativbriefing?

Antwort

Beim Kreativbriefing handelt es sich um ein internes Briefing, vor dessen Hintergrund sich die Kreativen genaue Überlegungen zur Umsetzung der konzeptionellen Vorgaben machen. Wichtige Leitfragen zur Erstellung eines Kreativbriefings sind:

- Warum wird Werbung für ein bestimmtes Produkt oder eine Dienstleistung gemacht?
- Was soll mit der Werbung bei der Zielgruppe erreicht werden?
- Wer ist die Zielgruppe?
- Was ist über die Zielgruppe bekannt?
- Welche Hauptidee muss kommuniziert werden (Positionierung)?

Frage

Was versteht man unter einem Rebriefing?

Antwort

Das vom Kunden erstellte Kundenbriefing (manchmal auch Agenturbriefing genannt) muss häufig modifiziert, präzisiert und/ oder vervollständigt werden. Die schriftliche Neufassung bezeichnet man als Rebriefing.

Frage

Was versteht man unter Corporate Identity?

Antwort

In der Öffentlichkeit soll das Unternehmen als unverwechselbare Unternehmenspersönlichkeit auftreten.

Methoden (Instrumente) sind **Corporate Design** (Architektur, Farbe, Formulare, Schrift etc.), **Corporate Communication** (Werbemittel, Briefbögen, Gebrauchsanweisungen, Mitarbeiter- und Kundenzeitschriften etc.) sowie **Corporate Behaviour** (Auftreten der Mitarbeiter untereinander und gegenüber Außenstehenden, Verhalten gegenüber der Konkurrenz etc.)

Frage

Bringen Sie die folgenden Vorgänge im Zusammenhang mit einer Produkteinführung in die richtige Reihenfolge.

- Einsatz der Werbemittel
- Planung der Werbemaßnahmen
- Briefing
- Formulierung der Ziele
- Werbekonzeption
- Produktion der Werbemittel

Antwort

1. Briefing
2. Formulierung der Ziele
3. Werbekonzeption
4. Planung der Werbemaßnahmen
5. Produktion der Werbemittel
6. Einsatz der Werbemittel

Frage

Nennen Sie wenigstens fünf Ursachen, die zu einem Verlust von Marktanteilen führen können.

Antwort

Im Vergleich zur Konkurrenz hat die Unternehmung

- zu hohe Preise
- geringere Werbewirksamkeit
- schlechtere Qualität
- geringere Liefertreue
- hohe Lieferzeiten
- schlechteren Service
- ungünstigere Sortimentsbreite oder Sortimentstiefe

Frage

Nennen Sie je zwei quantitative und qualitative Marketingziele.

Antwort

Quantitativ:

Umsatz-, Gewinn-, Wachstums-, Marktanteils- und Kostenziele; Marktführerschaft

Qualitativ:

Bekanntheitsgrad, Image, Corporate Identity, Vertrauen, Qualität, Zuverlässigkeit

Frage

Nennen Sie vier Marketingziele.

Antwort

Ökonomische:

- Umsatz- und Absatzsteigerung
- Steigerung des Marktanteils
- Ausschöpfung des Marktpotenzials

Psychografische:

- Erhöhung des Bekanntheitsgrades
- Veränderung des Images
- Erhöhung der Präferenzen

Frage

Bringen Sie die folgenden Vorgänge im Zusammenhang mit einer Marketingkommunikation in die richtige Reihenfolge.

- Formulierung der Ziele
- Istanalyse
- Realisation der ausgewählten Text- und Bildideen
- Erarbeitung des Kommunikationskonzeptes
- Durchführung der Kampagne
- Feststellung des Kommunikationserfolges

Antwort

1. Istanalyse
2. Formulierung der Ziele
3. Erarbeitung des Kommunikationskonzeptes
4. Realisation der ausgewählten Text- und Bildideen
5. Durchführung der Kampagne
6. Feststellung des Kommunikationserfolges

Frage

Was versteht man unter einer Marktdurchdringungsstrategie?

Antwort

Unter **Marktdurchdringungsstrategie** versteht man den Versuch der Absatzvergrößerung von bestehenden Produkten und Dienstleistungen in vom Unternehmen bereits besetzten Märkten.

Bei der nur bei nicht gesättigten Märkten möglichen ***Marktbesetzung*** versucht man, neue Verwender oder Verwendungsmöglichkeiten zu schaffen.

Bei der ***Marktverdrängung*** ist das Ziel, eine Absatzerweiterung zu Lasten der Konkurrenz zu erreichen.

Frage

Was versteht man unter einer Marktentwicklungsstrategie?

Antwort

Unter **Marktentwicklungsstrategie** versteht man den Versuch der Absatzvergrößerung von bestehenden Produkten und Dienstleistungen in vom Unternehmen noch nicht besetzten Märkten.

Bei der ***Marktsegmentierung*** versucht man neue Zielgruppen anzusprechen.

Bei der ***Internationalisierung*** ist das Ziel die räumliche Vergrößerung des Absatzgebietes.

Frage

Nennen Sie verschiedene strategische Analyseinstrumente aus dem Marketingbereich.

Antwort

- Chancen-Risiko-Analyse
- Stärken-Schwächen-Analyse
- SWOT-Analyse
- Produktlebenszyklus-Analyse
- Portfolio-Analyse

Frage

Was versteht man unter einer Chancen-Risiko-Analyse?

Antwort

Aus der externen Umfeld- und Branchenanalyse werden Chancen und Risiken für das Unternehmen abgeleitet, die bei der Konzeptionierung einer Marketingstrategie berücksichtigt werden müssen.

Häufig gehen die Ergebnisse einer Chancen-Risiko-Analyse zusammen mit denen einer Stärken-Schwächen-Analyse in eine SWOT-Analyse ein.

Frage

Nennen Sie die vier verschiedenen Marktfeldstrategien (Produkt-/Marktstrategien).

Antwort

Nach Ansoff führt die Produkt-Markt-Matrix zu folgenden Strategien:

	Bestehende Märkte	Neue Märkte
Bestehende Produkte	**Marktdurchdringungs-strategie**	**Marktentwicklungs-strategie**
Neue Produkte	**Produktentwicklungs-strategie**	**Diversifikations-strategie**

Frage

Was versteht man unter einer Stärken-Schwächen-Analyse?

Antwort

In einer Stärken-Schwächen-Analyse versucht das Unternehmen nach verschiedenen Kriterien die Stärken und Schwächen gegenüber dem/den Hauptkonkurrenten herauszuarbeiten. Kriterien sind insbesondere Produktqualität, Kostensituation, Markenimage, Marktanteil, Vertriebssystem, Innovationsfähigkeit, finanzielle Möglichkeiten, Qualifikation der Mitarbeiter etc. Die Darstellung erfolgt meist in einem Polaritätenprofil.

Häufig gehen die Ergebnisse einer Stärken-Schwächen-Analyse zusammen mit denen einer Chancen-Risiko-Analyse in eine SWOT-Analyse ein.

Frage

Nennen Sie verschiedene Formen für an den Kunden ausgerichtete Wettbewerbsstrategien.

Antwort

Bei der **Strategie der Kostenführerschaft** versucht ein Unternehmen insbesondere durch hohe Marktanteile einen Kostenvorteil und damit auch einen Preisvorteil gegenüber der Konkurrenz zu bekommen.

Bei der **Differenzierungsstrategie** versucht ein Unternehmen sich durch z. B. Qualitätsmerkmale, Design, Support, Image etc. von den Konkurrenten abzusetzen.

Bei der **Konzentrations- oder Nischenstrategie** versucht ein Unternehmen sich z. B. auf ganz bestimmte Kundengruppen, räumliche Märkte etc. zu fokussieren.

Frage

Nennen Sie verschiedene Formen für an der Konkurrenz ausgerichtete Wettbewerbsstrategien.

Antwort

Bei **Kooperationsstrategien** versuchen die Unternehmen durch i.d.R. stillschweigend abgestimmtes Verhalten den Wettbewerbsdruck zu verringern.

Konfliktstrategien zeichnen sich durch aggressives Verhalten aus, wodurch die eigene Marktstellung gegenüber der der Wettbewerber verbessert werden soll.

Kennzeichnend für **Ausweichstrategien** ist, dass Unternehmen dem Wettbewerb durch eigenes innovatives Verhalten möglichst aus dem Wege gehen.

Von **Anpassungsstrategien** spricht man, wenn das eigene Verhalten dem der Wettbewerber angepasst wird.

Frage

Was versteht man unter einer Diversifikationsstrategie?

Antwort

Unter **Diversifikationsstrategie** versteht man den Versuch der Absatzvergrößerung von neuen Produkten und Dienstleistungen in vom Unternehmen noch nicht besetzten Märkten.

Bei der ***horizontalen*** Diversifikation werden den alten ähnliche Produkte der gleichen Wirtschaftsstufe angeboten, wobei man in der Regel auf vorhandene Absatzwege, Personal und Fertigungsanlagen zurückgreifen kann.

Bei der ***vertikalen*** Diversifikation werden – bezogen auf das bereits bestehende Produkt- und Dienstleistungsprogramm – vor- oder nachgelagerte Produkte oder Dienstleistungen produziert und/oder angeboten.

Frage

Was versteht man unter einer Produktentwicklungsstrategie?

Antwort

Unter **Produktentwicklungsstrategie** versteht man den Versuch der Absatzvergrößerung durch neue oder veränderte Produkte und Dienstleistungen in vom Unternehmen bereits besetzten Märkten.

Dabei kann es sich um ***Produktinnovationen***, also die Einführung völlig neuer Produkte oder um ***Produktdifferenzierungen***, also neue Produktvarianten eines bereits vorhandenen Produktes handeln.

Frage

Kennzeichnen Sie die fünf Phasen eines idealtypischen Produktlebenszyklusses.

Antwort

Einführungsphase: geringe Umsätze; hohe Anfangsinvestitionen; keine Gewinne

Wachstumsphase: erste Gewinne werden erzielt; starker Umsatzanstieg; Konkurrenten drängen in den Markt; Umsatzzuwächse gehen am Ende dieser Phase wieder zurück

Reifephase: Umsätze steigen weiter, die Zuwächse gehen aber weiter zurück; wegen der Kostendegression entstehen hohe Gewinne

Stagnations-/Sättigungsphase: Umsatz und Gewinn verbleiben zunächst auf hohem Niveau, sinken dann aber gegen Ende

Rückgangsphase/Degeneration: Umsätze und Gewinne stark rückläufig; evtl. sogar Verluste

Frage

Unterscheiden Sie verschiedene Konsumentengruppen hinsichtlich ihrer Neigung, neue Produkte und Dienstleistungen zu akzeptieren.

Antwort

Innovatoren sind Neuerungen gegenüber sehr offen und sehr risikobereit.

Frühadopter sind nicht ganz so risikobereit und daher auch weniger innovationsfreudig.

Frühe Mehrheit akzeptiert Neuerungen erst, wenn sie bereits ausgereift und etabliert sind.

Späte Mehrheit ist Neuerungen gegenüber sehr skeptisch und akzeptiert sie erst unter relativ starkem Druck von Seiten der Mitglieder ihrer eigenen Gruppe.

Zauderer sind stark vergangenheitsorientierte Personen, die entweder generell oder nur bestimmten Innovationen gegenüber ablehnend sind.

Frage

Was versteht man unter einer SWOT-Analyse?

Antwort

Eine SWOT-Analyse ist ein Instrument zur Analyse der eigenen Stärken (**S**trength) und Schwächen (**W**eaknesses) – interne Betrachtung – und den bestehenden Chancen (**O**pportunities) und Risiken (**T**hreats) – externe Betrachtung. Sie wird z. B. bei Einführung eines neuen Produktes gemacht.

Bei der Analyse werden zuerst die jeweiligen Punkte in einer Matrix gegenübergestellt, sodann werden diese Punkte ausführlich erklärt und anschließend hieraus verschiedene Strategien abgeleitet. Schließlich folgt meistens die Empfehlung einer dieser Strategien.

Frage

Was versteht man unter einer Umfeldanalyse im Gegensatz zur Branchenanalyse?

Antwort

Die **Umfeldanalyse** untersucht das allgemeine Umfeld, in dem das Unternehmen tätig ist. Hierzu zählen z. B. das technologische, das politische, das rechtliche, das gesamtwirtschaftliche und das demografische Umfeld sowie gesellschaftliche Trends.

Die **Branchenanalyse** untersucht insbesondere die Branchenentwicklung, die Stärke von Kunden und Lieferanten, die Konkurrenzsituation und die Wettbewerbsintensität.

Frage

Nennen Sie die vier Bereiche der Portfolio-Analyse nach der Boston-Consulting-Group.

Antwort

Stars (Sterne): hohes Marktwachstum bei hohem relativem Marktanteil

Cash-cows (Melkkühe): niedriges Marktwachstum bei hohem relativem Marktanteil

Poor dogs (Arme Hunde): niedriges Marktwachstum bei niedrigem relativem Marktanteil

Question marks (Fragezeichen): hohes Marktwachstum bei niedrigem relativem Marktanteil

Frage

Nennen Sie die Vier-Norm-Strategie der Boston Consulting Group.

Antwort

- Ausbauen (Sterne und Fragezeichen)
- Erhalten (Melkkühe)
- Ernten (Melkkühe)
- Abstoßen (Arme Hunde und Fragezeichen)

Frage

Unterscheiden Sie Sortimentsbreite und Sortimentstiefe.

Antwort

Sortimentsbreite bezeichnet die Zahl der im Angebot befindlichen verschiedenen Güter. Ein breites Sortiment umfasst also viele verschiedene Produkte, ein schmales Sortiment dagegen nur wenige verschiedene Produkte.

Sortimentstiefe bezeichnet dagegen die Zahl der Varianten gleichartiger Güter. Ein tiefes Sortiment umfasst also Produkte in vielen Variationen, ein flaches Sortiment dagegen Produkte in wenigen Variationen.

Bsp.: Ein Getränkemarkt hat oft eine große Sortimentsbreite, aber nur eine geringe Sortimentstiefe.
Ein Weinhandel hat dagegen meist nur eine geringere Sortimentsbreite, dafür aber eine größere Sortimentstiefe.

Frage

Was ist eine Produktvariation?

Antwort

Ein vorhandenes Produkt wird in abgewandelter Form auf den Markt gebracht.

Frage

Nennen Sie die Media-Grundstrategien.

Antwort

- Wettbewerbsanaloge Strategie
- Konkurrenzausweichstrategie
- Monomediale Strategie
- Multimediale Strategie
- Omnipräsenzstrategie
- Konzentrationsstrategie

Frage

Grenzen Sie die Begriffe Preis- und Kontrahierungspolitik voneinander ab.

Antwort

Kontrahierungspolitik umfasst die Bereiche

- Preispolitik (Preishöhe, Preisdifferenzierung etc.)
- Konditionenpolitik (Preisnachlässe, Preisaufschläge, Lieferungs- und Zahlungsbedingungen)
- Kreditpolitik (Kundenkredit, Leasing etc.)
- Zugabepolitik (Werbekostenzuschuss, Testware etc.)

Frage

Was versteht man unter den Begriffen Skimmingstrategie und Penetrationsstrategie?

Antwort

Bei der **Skimming-** oder auch **Abschöpfungsstrategie** wird der Einführungspreis zunächst hoch angesetzt, um bestimmte Käuferschichten abzuschöpfen. Danach wird der Preis schrittweise herabgesetzt.

Bei der **Penetrationsstrategie** wird der Einführungspreis zunächst niedrig angesetzt, um schnell ein großes Kundenpotenzial zu erschließen, Degressionseffekte zu nutzen sowie potenzielle Konkurrenten abzuschrecken. Anschließend wird der Preis evtl. erhöht, kann aber auch unverändert bleiben oder noch weiter gesenkt werden.

Frage

Nennen Sie wichtige Funktionen der Produktverpackung.

Antwort

- Schutz und Sicherung
- Dimensionierung für den Verkaufsvorgang
- Präsentation und Verkaufsförderung
- Erleichterung beim Gebrauch
- Werbebotschaftsträger
- Rationalisierung der Warenwirtschaft

Frage

Erläutern Sie die Grundstruktur von E-Commerce-Geschäften.

Antwort

Produktinformation: Im Internet werden umfangreiche Informationen über die angebotenen Produkte zur Verfügung gestellt. Wichtig sind hier vor allem eine leistungsfähige Suchfunktion und eine Beratungsfunktion.

Bestellsystem: Bestellung erfolgt i.d.R. direkt über das Internet und wird nur im Ausnahmefall durch Schriftform ergänzt.

Distributionssystem: Versendung erfolgt üblicherweise über Post- und Paketdienste oder Speditionen, digitalisierte Güter werden häufig per Download zugestellt.

Bezahlsystem: Übliche Zahlungsarten sind Lastschriftverfahren, Kreditkartenzahlung, Überweisung etc.

After-Sales-Systeme: Nach dem Kauf werden die Kunden über Newsletter per E-Mail, Angebote per E-Mail etc. weiter kontaktiert.

Frage

Erläutern Sie die Begriffe Opt-In und Opt-Out aus dem Permission Marketing.

Antwort

Beim **Opt-In-Verfahren** erfolgt die Aufnahme in eine Verteilerliste z. B. für einen Newsletter erst nach Zustimmung des Nutzers. Beim seriöseren **Double-Opt-In-Verfahren** muss der Nutzer den Eintrag in die Liste in einem zweiten Schritt zusätzlich noch einmal bestätigen.

Beim **Opt-Out-Verfahren** erfolgt eine automatische Aufnahme in den Verteiler. Wegen der fehlenden Zustimmung des Nutzers ist dies nach dem § 7 UWG nicht zulässig.

Frage

Was versteht man unter einer Preisschwelle?

Antwort

Als Preisschwellen bezeichnet man die oberen und unteren Grenzen einer Preiskategorie, in der sich ein Produkt nach Meinung der Käufer befindet. Ein Produkt wird als teuer/billig betrachtet, wenn die obere/untere Preisschwelle über-/unterschritten wird.

Frage

Was versteht man unter einer Preisverankerung?

Antwort

Als Preisverankerung bezeichnet man die Vorstellung eines als normal angesehenen Referenzpreises beim Kunden. Dabei kann es sich z. B. um Preise für Konkurrenzprodukte der gleichen Qualität, unverbindliche Preisempfehlungen, vergangene Preise, Preiserwartungen etc. handeln. Die Bewertung der Preiswürdigkeit eines Produktes durch den Kunden hängt dann davon ab, wie stark der Preis dieses Produktes vom Referenzpreis abweicht.

Frage

Grenzen Sie universellen, selektiven und exklusiven Vertrieb voneinander ab.

Antwort

Beim **universellen** Vertrieb versucht man, möglichst viele Absatzmittler in den Vertrieb der Waren einzubeziehen. Ziel ist eine möglichst breite Präsenz.

Beim **selektiven** Vertrieb werden nur Absatzmittler in ausgewählten Regionen, mit vorgegebenen Mindestabnahmemengen etc. berücksichtigt.

Beim **exklusiven** Vertrieb wird einem Absatzmittler ein exklusives Vertriebsrecht in einer bestimmten Region zugestanden.

Frage

Welche Gefahren sind mit regelmäßig durchgeführten zeitlich befristeten Preisaktionen verbunden?

Antwort

- Verringerung der Markenloyalität
- Imagegefährdung bei Prestigeprodukten
- Langfristiger Preisverfall
- Kunden warten auf die Aktionspreise und kaufen nicht mehr zum normalen Preis

Frage

Was versteht man in der Agentursprache unter Copy?

Antwort

In der Agentur-Sprache versteht man unter Copy den eigentlichen Anzeigen- oder Werbetext.

Frage

Was versteht man unter Werbung?

Antwort

Unter Werbung versteht man die „öffentliche, gezielte und geplante Kommunikation der Information, der Motivation, der Überzeugung und der Manipulation eines definierten Kreises von Umworbenen zugunsten der Marktchancen eines Produktes oder des Images eines Unternehmens." (Haseloff)

Werbung ist „eine absichtliche und zwangfreie Form der Beeinflussung, welche die Menschen zur Erfüllung der Werbeziele veranlassen soll." (Behrens)

Werbung ist „jede Äußerung bei der Ausübung eines Handels, Gewerbes, Handwerks oder freien Berufs mit dem Ziel, den Absatz von Waren oder die Erbringung von Dienstleistungen, einschließlich unbeweglicher Sachen, Rechte und Verpflichtungen zu fördern." (EU-Richtlinie zu irreführender und vergleichender Werbung)

Frage

Was versteht man unter Serviceleistungen?

Antwort

Serviceleistungen sind sämtliche Leistungen, die als eigenständige oder die Primärleistung unterstützende Leistungen den Kundennutzen steigern sollen. Serviceleistungen können in vier Formen der Servicepolitik unterschieden werden:

- Garantieleistungen (Garantieumfang, Garantiedauer)
- Lieferleistungen (Lieferbereitschaft, Lieferzuverlässigkeit, Gelieferte Produktqualität)
- Kundendienstleistungen (Technische und kaufmännische Leistungen)
- Value-Added-Services (Leistungen, die einen höheren Mehrwert erbringen)

Frage

Unterscheiden Sie Absatzhelfer und Absatzmittler.

Antwort

Absatzhelfer unterstützen Hersteller und Handel bei der Distribution (Reisende, Handelsvertreter, Werbeagenturen, Spediteure, Marktforschungsinstitut etc.).

Als **Absatzmittler** im engeren Sinne übernimmt der Handel (Groß- und Einzelhandel) die eigentliche Verteilung der Ware.

Frage

Was versteht man unter Marketingkommunikation?

Antwort

Marketingkommunikation umfasst alle bewusst auf den Absatzmarkt gerichteten Botschaften eines Unternehmens, mit dem Ziel, Informationsstand, Einstellungen und Verhalten von Marktteilnehmern zu beeinflussen.
(frei nach Meffert)

Frage

Was versteht man unter Cross-Promotion?

Antwort

Cross-Promotion ist eine Sonderform der Promotion, bei der mindestens zwei Werbetreibende gemeinsam Kommunikationsmaßnahmen durchführen und eine einheitliche Botschaft an eine für beide bzw. alle Werbetreibende interessante Zielgruppe transportieren. Auf diesem Weg lassen sich Werbekosten teilen bzw. es kann ein größeres Werbevolumen realisiert werden und man profitiert von dem Image des bzw. der anderen Werbetreibenden.

Frage

Wie heißt die Formel für die Kreuzpreiselastizität der Nachfrage?

Antwort

$$\frac{\text{\%-Mengenänderung Gut 1}}{\text{\%-Preisänderung Gut 2}}$$

Die Kreuzpreiselastizität zeigt, wie sich die Nachfrage nach Gut 1 (z. B. Tintendrucker oder gasbetriebene Autos) ändert, wenn der Preis für Gut 2 (z. B. Druckerpatronen oder Superbenzin) um ein Prozent variiert wird.

Frage

Welche Gefahren liegen in der Verkaufsförderung?

Antwort

- Preisverriss
- Vorgezogener Absatz
- Bevorratungskäufe
- Wirkungsnegation durch Geringschätzung
- Veraktionierung des Produktes

Frage

Nennen Sie drei verschiedene Arten der Preisdifferenzierung.

Antwort

- zeitliche (z. B. Schönes-Wochenende-Ticket)
- räumliche (z. B. unterschiedliche Preise für PKWs in einzelnen Ländern der EU)
- persönliche (z. B. unterschiedliche Eintrittsgelder für Rentner, Kinder, Soldaten etc.)
- mengenmäßige (z. B. Mengenrabatte oder Mindermengenzuschläge)

Frage

Was ist eine Preismodifizierung?

Antwort

Eine Veränderung des Preises zur Verbesserung der Position des Produktes am Markt.

Frage

Grenzen Sie die folgenden Preisminderungsarten von einander ab:

Naturalrabatt
Mengenrabatt
Bonus
Skonto
Wiederverkäuferrabatt

Antwort

Naturalrabatt: es wird eine höhere als die bestellte und berechnete Menge geliefert

Mengenrabatt: sofortiger Nachlass für die Abnahme bestimmter Mindestmengen

Bonus: nachträglicher Preisnachlass, wenn ein vorher vereinbartes Umsatzvolumen erreicht wird

Skonto: Nachlass für schnelle Zahlung vor dem eigentlichen Fälligkeitsdatum

Wiederverkäuferrabatt: sofortiger Preisnachlass für die Funktion als Zwischenhändler

Frage

Nennen Sie drei Preisstrategien.

Antwort

Je nachdem in welchem Preissegment das Produkt am besten ankommt unterscheidet man

- Hochpreisstrategie
- Mittelpreisstrategie
- Niedrigpreisstrategie

Es besteht häufig ein unmittelbarer Zusammenhang mit der Qualität.

Frage

Grenzen Sie die folgenden Absatzorgane voneinander ab:

Reisender
Handelsvertreter
Kommissionär
Handelsmakler

Antwort

Der **Reisende** vermittelt im Auftrag seines Arbeitgebers in fremdem Namen und für fremde Rechnung Geschäfte oder schließt diese ab.

Der **Handelsvertreter** vermittelt als selbstständiger Kaufmann im Namen und auf Rechnung seines Auftraggebers Geschäfte oder schließt diese ab.

Ein **Kommissionär** verkauft als selbstständiger Kaufmann Waren im eigenen Namen für Rechnung eines anderen (des Kommittenten).

Der **Handelsmakler** übernimmt als selbstständiger Kaufmann von Fall zu Fall die Vermittlung von Verträgen in fremdem Namen und für fremde Rechnung.

Frage

Erklären Sie den Begriff der Pull-Strategie.

Antwort

Die Nachfrage wird beim Verbraucher erzeugt und somit ist der Handel „gezwungen“, Produkte zu listen.

Frage

Was versteht man unter dem Begriff Event?

Antwort

Unter Events versteht man inszenierte Ereignisse (Feste, Aktionen), die an bestimmte Zielgruppen eines Unternehmens unternehmensbezogene und/oder produktbezogene Botschaften in Form eines Erlebnisses vermitteln (z. B. Red-Bull-Flugtag).

Frage

Was versteht man unter Product Placement?

Antwort

Werbewirksame, zielgerichtete Einbindung von Produkten und Dienstleistungen in Film-, Print- und Audioproduktionen gegen Entgelt

Frage

Nennen Sie drei Kommunikationsformen des „below the line“-Bereiches.

Antwort

- Sponsoring
- Product Placement
- Eventmarketing

meist auch dazu gezählt werden:

- Messen
- Verkaufsförderung
- Public Relations
- Direktmarketing

Frage

Nennen Sie verschiedene Formen des Product Placements.

Antwort

- Visual Placement
  (Produkt ist im Film zu sehen)
- Verbal Placement
  (Produkt wird im Film erwähnt)
- Creative Placement
  (Produkt wird im Film benutzt)
- Music Placement
  (Musiktitel wird im Film platziert)

Frage

Nennen Sie Merkmale der Verkaufsförderung.

Antwort

- Zeitlich begrenzter Einsatz
- Verkaufsnähe
- Relativ „aggressiver" Auftritt
- Zusätzliche Motivationsanreize
- Kurzfristig einsetzbar
- Fördert Hinein- und Herausverkauf

Frage

Nennen Sie drei Werbemittel
des „above the line“-Bereiches.

Antwort

- Anzeigen
- Spots
- Plakate

Frage

Wie wird „klassische“ und „nicht klassische“ Werbung in der Fachsprache auch genannt?

Antwort

„Klassische" Werbung:
Above-the-line-Advertising

„Nicht klassische" Werbung:
Below-the-line-Advertising

Frage

Was verbirgt sich hinter den Abkürzungen POS und POP?

Antwort

Der **P**oint **o**f **s**ale (POS) oder **P**oint **o**f **p**urchase (POP) ist der Ort, an dem ein Gut oder eine Dienstleistung verkauft wird.

Frage

Welche **3** der folgenden Merkmale treffen auf den Handelsvertreter zu?

1. Pflicht zur Wettbewerbsenthaltung

2. Tätigkeit im eigenen Namen für fremde Rechnung

3. Ständiges Vertragsverhältnis

4. Vermittlungs- oder Abschlussvollmacht

5. Selbsteintrittsrecht

6. Kaufmännischer Angestellter

7. Gehaltsempfänger

Antwort

Richtige Lösungen: **1**, **3** und **4**

Frage

Nennen Sie einige typische Formen des Eventmarketings.

Antwort

- Jugendevent (Love Parade)
- Road Show (Coca Cola Truck)
- Benefiz-Gala
  (Veranstaltung zur Spendensammlung)
- Outdoor-Training
  (Personaltraining in freier Natur)
- Incentive (Motivationsveranstaltung)
- Corporate Events
  (unternehmensinterne Events)
- Public Events (öffentliche Events)

Frage

Was sind die klassischen Elemente eines Events?

Antwort

- Information (Flyer, Hostessen)
- Entertainment (Show)
- Catering (Büfett, Getränke)
- Interaktion (Zuschauerbeteiligung)

Frage

Erklären Sie den Begriff Push-Strategie.

Antwort

Werbliche und vertriebliche Maßnahmen zielen auf den Handel ab, der z. B. durch Rabattregelungen und Verkaufswettbewerbe dazu bewegt werden soll, das Produkt ins Sortiment aufzunehmen und gegenüber anderen hervorzuheben.

Frage

Ein Handelsvertreter bekommt 6,5 % Provision vom Umsatz sowie ein monatliches Fixum in Höhe von 1.200 €; ein Reisender erhält 2,5 % bei einem Fixum von 3.000 €.

Bei welchem Monatsumsatz sind die Kosten der beiden Absatzhelfer gleich?

Antwort

Kosten Handelsvertreter = Kosten Reisender

$$
\begin{aligned}
1.200 + 0{,}065\,x &= 3.000 + 0{,}025\,x \\
0{,}040\,x &= 1.800 \\
x &= 45.000
\end{aligned}
$$

Frage

Nennen Sie fünf Gründe für eine fehlgeschlagene Produkteinführung.

Antwort

- Falscher Einführungszeitpunkt
- Unzureichende Distributionspolitik
- Unzureichende Planung
- Falsche Preise
- Zu frühe oder zu späte Einführungswerbung
- Unzureichender Kundendienst
- Unausgereiftes Produkt

Frage

Nennen Sie je zwei Chancen und Risiken des E-Commerce als zusätzlichem Absatzweg.

Antwort

Chancen:

- Geringere Vertriebskosten
- Weltweite Präsenz rund um die Uhr
- Unmittelbarere Erfolgskontrolle
- Multimediale Präsentation

Risiken:

- Verschärfung insbesondere des Preiswettbewerbes
- Sicherheitsrisiken im Datenbereich
- Keine persönlichen Kundenbindungen
- Konkurrenz zu eigenen anderen Absatzwegen

Frage

Nennen Sie drei Formen des Sponsorings.

Antwort

Soziosponsoring (Unterstützung sozialer Einrichtung wie Aids-Hilfe oder Deutsches Rotes Kreuz)

Ökosponsoring (Unterstützung von Umweltprojekten)

Sportsponsoring (Unterstützung von Sportvereinen oder einzelner Sportveranstaltungen)

Kultursponsoring (Unterstützung von Museen oder Theatergruppen)

Wissenschafts- oder Sciencesponsoring (Unterstützung von Forschungstätigkeiten)

Medien- oder Programmsponsoring (Unterstützung von Fernsehübertragungen)

Wichtigste Ziele des Sponsorings sind Imagetransfer und Aktualisierung oder Erhöhung der Bekanntheit eines Unternehmens oder eines Produktes.

Frage

Nennen Sie vier Kriterien nach denen sich Messen und Ausstellungen unterscheiden lassen.

Antwort

- Ausstrahlungsgebiet (z. B. regional, national, international)
- Angebotsbreite (z. B. Fach- oder Mehrbranchenmesse)
- Produkte (z. B. Konsum-, Gebrauchs-, Investitionsgüter)
- Funktion (z. B. Verkauf, Information)
- Dauer (z. B. ständig, zeitweise)
- Standort (z. B. fest, wechselnd)
- Anbieter (Industrie, Handel, usw.)

Frage

Nennen Sie vier marketingpolitische Instrumente.

Antwort

- Produktpolitik (Welche Produkte sollen in welchen Qualitäten vertrieben werden?)
- Distributionspolitik (Auf welchem Weg sollen sie abgesetzt werden?)
- Preispolitik (Zu welchen Konditionen sollen sie abgesetzt werden?)
- Kommunikationspolitik (Welche Informationspolitik/Werbung soll betrieben werden?)

Frage

Nennen Sie zwei Formen der Distribution.

Antwort

Unter Distribution versteht man die Verteilung von Gütern. Bei der **direkten** Distribution verkauft der Hersteller selber an den Endverbraucher, bei der **indirekten** werden Absatzmittler eingeschaltet.

Frage

Unterscheiden Sie numerische und gewichtete Distribution.

Antwort

Numerische Distribution: Prozentualer Anteil der z. B. 270 Geschäfte, die einen Artikel führen an der Anzahl aller 2.000 untersuchten Geschäfte.

$$\frac{270}{2.000} \cdot 100 = 13,5\ \%$$

Gewichtete Distribution: Prozentualer Anteil, den die einen Artikel führenden 270 Geschäfte am Umsatz (mit Produkten dieser Produktgruppe) aller 2.000 Geschäfte haben.

$$\frac{1.500.000\ €}{2.500.000\ €} \cdot 100 = 60\ \%$$

Frage

Was versteht man unter einer Produktlinie oder Produktfamilie?

Antwort

Eng miteinander verwandte Produkte, da sie ähnlich funktionieren oder sich ergänzen, an dieselbe Kundengruppe verkauft werden und in eine ähnliche Preisklasse fallen.

Beispiele sind Pflegeserien bei Kosmetika, aufeinander abgestimmte Büroeinrichtungen, Elektrowerkzeugserien für Heimwerker oder Profis etc.

Frage

Was versteht man unter Franchising?

Antwort

Form der Zusammenarbeit z. B. in Handel oder Gastronomie. Der Franchisegeber räumt dem Franchisenehmer gegen Bezahlung das Recht ein, vom Franchisegeber hergestellte Waren oder Dienstleistungen anzubieten. Für den Franchisenehmer bedeutet dies, dass er bekannte Marken, Namen, Schutzrechte etc. verwenden kann. Werbung wird meist durch den Franchisegeber betrieben (z. B. McDonalds, OBI).

Frage

Nennen Sie die Ziele des Product Placements.

Antwort

- Imageaufbau oder -festigung
- Ausbau, Aktualisierung der Bekanntheit
- Vermittlung von Produktwissen
- Nutzungsbestätigung
- Auslösen von unmittelbaren Kaufanreizen

Frage

Welche Aufgaben bzw. Funktionen übernimmt der Handel im Rahmen des Distributionsprozesses?

Antwort

- Räumliche Überbrückung
- Zeitliche Überbrückung
- Quantitätsfunktion
- Qualitätsfunktion
- Kreditfunktion
- Werbefunktion

Frage

Nennen Sie Möglichkeiten des direkten Absatzes.

Antwort

- Reisende
- Verkaufsniederlassungen
- Outlets, Fabrik- bzw. Werksverkauf
- Direktversand

häufig auch dem direkten Absatz zugerechnet wird

- Franchising, obwohl der Franchisenehmer rechtlich selbständig, jedoch eng an den Hersteller gebunden ist.

Frage

Welche Primärziele verfolgen Aussteller mit ihrer Teilnahme an Messen und Ausstellungen?

Antwort

- Information über das eigene Angebot
- Kontaktaufbau und -pflege
- Goodwill-Effekte erzielen, bzw. Imageaufbesserung/-pflege
- Verkaufsvorbereitung/-abschluss
- Produkteinführung/-vorstellung
- Erkennen von Kundenwünschen

Frage

Welche Standortfaktoren müssen bei der Entscheidung für ein Eigen- oder Fremdlager im Rahmen der Distributionspolitik berücksichtigt werden?

Antwort

- Angestrebter Lieferservice
- Struktur des Absatzgebietes
- Nachfrageentwicklung
- Verkehrslage
- Transport- und Lagerungskosten
- Besondere Produkteigenschaften

Frage

Wenn ein Produkt aus Kosten- oder Absatzgründen nicht mehr hergestellt und verkauft wird, so spricht man von

....

Antwort

Wenn ein Produkt aus Kosten- oder Absatzgründen nicht mehr hergestellt und verkauft wird, so spricht man von **Produkteliminierung/Produktelimination**.

Frage

Wenn eine Unternehmung sich im vertrauensbildenden Sinne an die Öffentlichkeit wendet und nicht für ein spezielles Produkt wirbt, dann spricht man von

....

Antwort

Wenn eine Unternehmung sich im vertrauensbildenden Sinne an die Öffentlichkeit wendet und nicht für ein spezielles Produkt wirbt, dann spricht man von **Public Relations**.

Frage

Wodurch unterscheiden sich Messen und Ausstellungen?

Antwort

Beides sind i. d. R. wiederkehrende aber zeitlich begrenzte Veranstaltungen. Messen sollen vornehmlich Fachbesucher, Ausstellungen dagegen das allgemeine Publikum ansprechen. Auf Ausstellungen findet kein Verkauf statt.

Frage

Nennen Sie drei Hauptzielgruppen der Verkaufsförderung.

Antwort

- Hersteller
- Handel
- Konsumenten

Frage

Nennen Sie drei Verkaufsförderungsmaßnahmen.

Antwort

- Warenproben
- Preisausschreiben
- Zugaben
- Punktesysteme
- Zweitnutzenverpackungen
- Zweitplatzierungen/Sonderplatzierungen
- Bonus-Produkte
- Sonderpreise

Frage

Nennen Sie die Merkmale des Sponsorings.

Antwort

- Zeitverträge mit Leistung und Gegenleistung
- Sponsor stellt Gelder oder Sachmittel zur Verfügung
- Gesponserter stellt (kommunikative) Leistung zur Verfügung

TIPPST DU!

Frage

Unterscheiden Sie drei Erscheinungsformen der Verkaufsförderung (Sales-Promotion).

Antwort

Handels-Promotions, auch Trade-, Dealer- oder Retailer-Promotions genannt sind vom Hersteller an den Handel gerichtet. Beispiele sind Händlertreffen, Händlerzeitschriften, Händlerschulungen, Werbekostenzuschuss, Deckenanhänger, Gratiswaren, Displays, Händlerevent im Werk etc.

Konsumenten-, Verbraucher- oder Consumer-Promotions richten sich an den Konsumenten. Beispiele sind Coupons, Gewinnspiele, Warenproben, Verkostungen, Sonderangebote, Handzettel etc.

Außendienst-, Staff- oder Sales Force-Promotions richtet sich in Form von Schulungen, Incentives, Ausstattung mit Vertriebsmaterial etc. an die Verkaufsmitarbeiter.

Frage

In welchen Fällen handelt es sich um einen indirekten Absatz?

1. Ein Kaffeeröster verkauft über eigene Filialen.
2. Medizinische Geräte werden vom Hersteller an Krankenhäuser verkauft.
3. Eine Molkerei beliefert den Lebensmitteleinzelhandel.
4. Ein Spielzeughersteller vertreibt seine Waren über mehrere Handelsvertreter.
5. Ein Staubsaugerhersteller vertreibt seine Produkte über Handelsreisende.

Antwort

Richtige Lösung: **3** und **4**

Beim **direkten** Absatz verkauft der Hersteller direkt an den Verbraucher.

Beim **indirekten** Absatz setzt er seine Produkte entweder über den Groß- und Einzelhandel ab und/oder über Absatzhelfer wie Kommissionäre und Handelsvertreter.

Frage

Nennen Sie die kollektiven Werbeformen.

Antwort

- Kooperationswerbung
(z. B. von Herstellern und Händlern)
- Gemeinschaftswerbung
(z. B. für Ausbildung im Handwerk)
- Sammelwerbung
(z. B. von Unternehmen, die an einer Arbeitsgemeinschaft beteiligt sind)
- Verbundwerbung
(z. B. Waschmaschinen und Waschpulver)
- Gruppenwerbung
(z. B. von mehreren Bestattern einer Stadt)

Frage

Nennen Sie die Stufen des Produktinnovationsprozesses.

Antwort

1. Ideenfindung
2. Vorauswahl von Produktideen
3. Wirtschaftlichkeitsanalyse
4. Produktentwicklung
5. Prüfung auf Testmärkten
6. Produkteinführung
7. Kontrolle

Frage

Was versteht man unter dem Begriff Positionierung?

Antwort

Unter Positionierung versteht man im Marketing das gezielte, planmäßige Schaffen und Herausstellen von Stärken und Qualitäten, durch die sich ein Produkt oder eine Dienstleistung in der Einschätzung der Zielgruppe klar und positiv von anderen Produkten oder Dienstleistungen der Konkurrenz unterscheidet. Es handelt sich also um die unverwechselbare Kennzeichnung in den Augen der Konsumenten.

Frage

Unterscheiden Sie die folgenden Positionierungsanlässe: Erstpositionierung, Umpositionierung, Positionsverstärkung.

Antwort

Unter **Erstpositionierung** ist die Positionierung im Zusammenhang mit der Neueinführung eines Produktes, einer Marke oder einer Dienstleistung zu verstehen.

Eine **Umpositionierung** wird notwendig, wenn z. B. durch gesellschaftliche Veränderungen, geänderte Wertevorstellungen etc. eine alte Positionierung nicht mehr beibehalten werden kann.

Durch eine **Positionsverstärkung** sollen die Besonderheiten und die Einmaligkeit des eigenen Produktes noch stärker herausgestellt werden, um eine erreichte Stellung am Markt gegenüber Konkurrenten zu verteidigen.

Frage

Nennen Sie verschiedene Positionierungsstrategien.

Antwort

- Positionierung durch Information
- Positionierung durch Information und Emotion
- Positionierung durch Emotion
- Positionierung durch Aktualität

Frage

Was verbirgt sich hinter den Abkürzungen USP und UAP?

Antwort

Beim Consumer Benefit unterscheidet man zwischen Grund- und Zusatznutzen. Dabei wird der Grundnutzen durch die in der Regel identischen funktionalen Eigenschaften gleichartiger Produkte bestimmt. Eine Abgrenzung zu den Konkurrenzprodukten erfolgt daher über einen Zusatznutzen.

Beim **U**nique **S**elling **P**roposition handelt es sich um einen einzigartigen objektiven Verkaufs- bzw. Wettbewerbsvorteil, durch den sich ein Produkt von den entsprechenden Konkurrenzunternehmen absetzt (reale Alleinstellung).

Beim **U**nique **A**dvertising **P**roposition handelt es sich um einen Anspruch auf Einzigartigkeit, der nur durch die Werbung erzeugt wird (emotionale Alleinstellung).

Frage

Welches sind die Bestandteile der Copy-Strategie?

Antwort

Unter Copy-Strategie versteht man Ideen, Vorüberlegungen und Aufgabenstellungen für die Umsetzung einer Werbebotschaft in ein Werbemittel. Die Bestandteile sind:

- Consumer Benefit (Produktversprechen und zentrale Werbeaussage)
- Tonality (kreativer, verbaler und visueller Stil)
- Reason Why (Begründung bzw. Glaubhaftmachung der Versprechungen)

Frage

Wie lauten die deutschen Bezeichnungen für

a) Brand Mark?

b) Brand Name?

Antwort

a) **Markenzeichen**
(Coca-Cola Schriftzug)

b) **Markenname**
(der Name „Coca-Cola“ an sich)

Frage

Unterscheiden Sie Hersteller- und Handelsmarken.

Antwort

Herstellermarken: Marke des Herstellers; hohes Ansehen bei den Konsumenten; eher im oberen Preisniveau angesiedelt, wie z. B. Ritter-Sport oder Milka Schokolade oder Bekleidung von Boss

Handelsmarken: Eigenmarken des Handels mit steigender Akzeptanz bei den Konsumenten; eher niedrigpreisig, wie z. B. „AP"- oder „Ja"-Schokolade oder Bekleidung von C&A, die unter dem Namen „Westbury" verkauft wird

Frage

Was bezeichnet man im Marketing mit Ubiquität?

Antwort

Überallerhältlichkeit, flächendeckende Verfügbarkeit

Frage

Die Schaffung europäischer Markenartikel mit europaweitem Vertrieb bezeichnet man als ....

Antwort

Die Schaffung europäischer Markenartikel mit europaweitem Vertrieb bezeichnet man als **Euro-Branding.**

Frage

Nennen Sie die Bestandteile des Markenkerns.

Antwort

- Markenkompetenz (Produkte, Leistungen, Funktion)
- Markennutzen (objektiv, emotional)
- Markentonalität (Anmutungen, Emotionen)
- Markenbild (Zeichen, Vorstellungsbilder, Eigen- und Fremdbild)

Frage

Unterscheiden Sie grundlegende Strategien für Herstellermarken.

Antwort

Einzelmarkenstrategie: Für jedes Segment wird eine eigene Marke geschaffen. Kinderschokolade, Duplo, Milchschnitte, tic tac, hanuta und nutella sind Einzelmarken von Ferrero.

Dachmarkenstrategie: Alle Produkte eines Unternehmens werden unter einer Marke geführt. Häufig handelt es sich dabei um den Firmennamen oder den des Firmengründers wie z.B. Opel, Apple, Miele oder Siemens.

Mehrmarkenstrategie: In einem Segment werden nebeneinander mehrere Marken geführt. Persil, Vernel, Perwoll, Spee und Weißer Riese sind Waschmittel von Henkel.

Familienmarkenstrategie: Unter einer Familienmarke werden verwandte Produkte angeboten. So bietet Beiersdorf unter der Familienmarke Nivea verschiedene Körperpflegeprodukte wie Deos, Sonnencremes, Babyshampoos, Pflegetücher, After Shave usw. an.

In der Praxis werden die genannten Strategien häufig miteinander kombiniert.

Frage

Nennen Sie wichtige Markenfunktionen.

Antwort

- Markierungsfunktion
- Differenzierungsfunktion
- Schutzfunktion
- Orientierungsfunktion
- Preisfunktion
- Identitätsstiftung
- Sinnstiftung

Frage

Was ist ein Markenzeichen?

Antwort

Marke oder Markenbestandteil, die bzw. der rechtlich geschützt ist (z. B. Mercedes-Stern, „4711“, „Persil“, Apple-Apfel).

Frage

Nennen Sie vier Merkmale von Markenartikeln.

Antwort

- Gleichbleibende oder verbesserte Qualität
- Hoher Bekanntheitsgrad
- Gleichbleibender Preis
- Gleichbleibende Verpackung
- Ubiquität (Überallerhältlichkeit)
- Ständige Werbepräsenz

Frage

Welche grundsätzlichen Probleme bestehen bei der ökonomischen Werbeerfolgskontrolle?

Antwort

Die Veränderung ökonomischer Kriterien zur Messung des Werbeerfolges (z. B. Vergrößerung des Marktanteiles oder Erhöhung des Umsatzes) lässt sich nicht eindeutig einer bestimmten Werbemaßnahme zuordnen, sondern kann auch Auswirkung sein von

- eigener Preispolitik
- eigener Produktpolitik
- eigener Distributionspolitik
- eigenen PR-Maßnahmen
- früheren Werbekampagnen (Carry-over-Effekt)
- Konkurrenzverhalten
- Saisoneinflüssen
- Konjunktureinflüssen
- etc.

Frage

Was versteht man unter Copy-Analyse?

Antwort

Es handelt es sich um ein Instrument der Wettbewerbsanalyse. Durch eine Copy-Analyse versucht man, die angestrebten Positionen der Produkte bzw. Marken der Konkurrenzunternehmen im Markt herauszubekommen und aus den Werbemitteln der Konkurrenten auf die zugrunde liegende Copy-Strategie zu schließen.

Hauptbestandteile einer Copy-Analyse sind

- Positionierung
- Consumer Benefit
- Reason Why
- Tonality
- Zielgruppe

Frage

Was versteht man unter Involvement?

Antwort

Als Involvement bezeichnet man die innere Beteiligung bzw. das Engagement, welches eine Person für ein Produkt oder eine Kaufentscheidung zeigt. Bei den Produkten unterscheidet man dementsprechend solche mit einem hohen Involvement, deren Kauf eine intensive Entscheidungsfindung vorausgeht (z. B. Haus- oder Autokauf) und solche mit einem niedrigen Involvement. Das sind häufig Produkte des täglichen Bedarfs, die gewohnheitsmäßig erworben werden (z. B. Waschmittel, Schreibwaren etc.)

Frage

Nennen Sie Merkmale von High- und Low-Involvement-Käufen.

Antwort

High-Involvement-Käufe:

Gezielte aktive Informationssammlung; Produktkauf ist stark abhängig von Lebensstil, Einstellungen und Persönlichkeit des Käufers; hoher Einfluss von Bezugspersonen; Suche nach dem optimalen Produkt; Beachtung vieler Merkmale

Low-Involvement-Käufe:

Zufällige passive Informationsaufnahme; Produktkauf ist i.d.R unabhängig von Lebensstil, Einstellungen und Persönlichkeit des Käufers; geringer Einfluss von Bezugspersonen; Suche nach einem zufriedenstellenden Produkt; Beachtung weniger Merkmale

Frage

Was versteht man unter einem Recall-Test?

Antwort

Der Recall-Test ist eine Methode zur Messung der Gedächtniswirkung von Werbemitteln: Er untersucht die Erinnerung an die Werbung in gestützter Form **(aided recall)** durch die Bereitstellung von Erinnerungshilfen (Liste von Markennamen, Markenzeichen, unvollständige Werbemittel etc.) oder in ungestützter Form **(unaided recall)** durch das Weglassen von Erinnerungshilfen.

Der ungestützte Recall-Test misst die aktive, der gestützte Recall-Test die passive Bekanntheit von Werbemitteln.

Frage

Was versteht man unter einem Recognition-Test?

Antwort

Recognition-Tests messen den Wiedererkennungswert von Werbemaßnahmen, z. B. von Anzeigen. Dabei blättert ein Interviewer mit verschiedenen Personen die zu testenden Ausgaben durch und stellt fest, ob sie die betreffenden Inserate gesehen bzw. gelesen haben.

Beim so genannten unkontrollierten Recognition-Test wird von den Befragten häufig „sozial erwünscht" geantwortet und die Anzahl der wiedererkannten Anzeigen ist zu hoch. Zur Erhöhung der Zuverlässigkeit der Testergebnisse arbeitet man beim kontrollierten Recognition-Test deswegen mit präparierten Ausgaben von Zeitschriften, in denen zur Überprüfung teilweise „unechte" Anzeigen enthalten sind.

Frage

Was versteht man unter einem Starch-Test?

Antwort

Der nach dem amerikanischen Medienforscher Starch benannte Test ist der klassische Recognition-Test (Wiedererkennungsverfahren) der Leserschaftsforschung. Es handelt sich um ein Verfahren der Originalheftmethode, bei dem den Befragten ein tatsächlich erschienenes Zeitschriftenexemplar vorgelegt wird. Für jede Anzeige wird durch Befragung festgestellt, ob die Befragten die

- Anzeige gesehen haben (noted score)
- Anzeige gesehen und zumindest teilweise gelesen haben und sich deutlich an das beworbene Produkt erinnern können (seen/associated score)
- Anzeige mindestens zur Hälfte gelesen bzw. genau studiert haben (read most score).

Ziel des Verfahrens ist es, die Werbewirkung zu ermitteln.

Frage

Erläutern Sie die Begriffe Pull- und Push-Kommunikation in Zusammenhang mit der Involvementsituation der Verbraucher zum Zeitpunkt des Werbeempfanges.

Antwort

Bei den ca. 1 % „engaged“ Empfängern, die auf der Suche nach Informationen sind, weil sie z. B. gerade einen neuen Fernseher, Geschirrspüler etc. kaufen wollen, muss das Unternehmen lediglich diese Informationen in geeigneter Form bereitstellen (Pull-Kommunikation).

Bei den übrigen „high“ oder „low“ involvierten Empfängern müssen die Unternehmen versuchen, größtenteils weniger oder gar uninteressierte Verbraucher mit der Werbung zu erreichen (Push-Kommunikation).

Frage

Skizzieren Sie das Phasenmodell der Werbewirkung.

Antwort

- Phase der Wahrnehmung/Werbemittel-kontakt
- Phase der Informationsaufnahme
- Phase der Informationsverarbeitung/Informationsspeicherung
- Phase der Einstellungswirkung
- Finale Verhaltensreaktion

Frage

Nennen Sie die üblichen Elemente einer Anzeige.

Antwort

- Bild/key visual
- Headline
- Subline/lead
- Body/copy
- Logo/Signet
- Slogan/Claim

Frage

Was versteht man unter einem Identifikationstest (Maskierungstest)?

Antwort

Der Identifikationstest wird in der Werbeerfolgskontrolle zur Überprüfung der Aufmerksamkeits- und Gedächtniswirkung von Werbemitteln eingesetzt. Aus einem Werbemittel, z. B. einer Anzeige werden einzelne Wörter, Sätze, Formulierungen, Bilder oder Teile davon entfernt oder abgedeckt. Anschließend ermittelt man, ob die Befragten das so veränderte Werbemittel noch erkennen und die fehlenden Teile ergänzen können.

Häufig werden der Marken- und/oder Firmenname oder auch der Slogan eliminiert, und die Befragten müssen angeben, für welches Produkt oder für welche Firma geworben wurde. Vorteil des Verfahrens ist, dass keine Verzerrungen aufgrund von falschen oder „erwarteten" Angaben der Befragten enthalten sein können, weil die Antworten entweder nur richtig oder falsch sein können.

Frage

Nennen Sie einige Grundregeln für den Aufbau einer Anzeige.

Antwort

- Hoher Bildanteil, denn Bilder bleiben schneller hängen
- Prägnanter, nicht zu komplexer Anzeigenaufbau und Konzentration auf das Wesentliche, um Ablenkung von der Kernbotschaft zu vermeiden
- Kontinuität über einen längeren Zeitraum erhöht die Wiedererkennung
- Einzigartiger Aufbau, der sich klar von der Konkurrenz abhebt
- Einbau von Text erhöht die Glaubwürdigkeit

Frage

Was versteht man unter einer Blickverlaufsanalyse?

Antwort

Blickverlaufsanalysen (Blickaufzeichnungen) mit Hilfe von Blickaufzeichnungskameras untersuchen den Blickverlauf von Versuchspersonen z. B. bei der Betrachtung von Anzeigen. Für Anzeigen gelten dabei folgende Ergebnisse:

- Bilder haben eine besonders hohe Betrachtungswahrscheinlichkeit
- Farben und Formen werden besonders schnell wahrgenommen
- Das Auge wandert von links oben nach rechts unten

Frage

Nennen Sie die wichtigsten Gestaltgesetze.

Antwort

- Gesetz der Ähnlichkeit
- Gesetz der Nähe
- Gesetz der Geschlossenheit
- Gesetz der Kontinuität
- Gesetz der guten Gestalt
- Gesetz der Symmetrie

Frage

Was ist ein Tachistoskop?

Antwort

Ein Tachistoskop ist ein Instrument, welches bildliche Vorlagen von Objekten wie Produkten, Anzeigen, Logos, Verpackungen für beliebig kurze Zeitintervalle sichtbar macht. Die Darbietungsdauer kann durch Beleuchtung und Verdunkelung beliebig in Bereichen variiert werden.

Beim Tachistoskop-Test werden z. B. Anzeigenmotive durch Variation der Darbietungslänge und anschließende Befragung auf ihre Wirkung hin getestet. Der Werbetreibende erhält so wichtige Hinweise, welche Informationen gesehen und verarbeitet werden, und die emotionale Anmutung eines Anzeigenmotivs oder eines Werbebanners wird messbar.

Frage

Welche positiven Effekte unterscheidet man bei der Werbewirkung von Bildern?

Antwort

- Reihenfolgeeffekt
- Aktivierungseffekt
- Gedächtniseffekt
- Manipulationseffekt

Frage

Was muss generell beim Artwork berücksichtigt werden?

Antwort

- Reduktion auf besonders charakteristische Merkmale
- Keine Überfrachtung der visuellen Gestaltung
- Wiedererkennung
- Blickfang und Blickführung
- Anpassung und Abstimmung der Gestaltung mit der Werbebotschaft, Zielgruppe und Medium

Frage

Nennen Sie drei Testverfahren zur Messung der Informationswirkung der Werbung.

Antwort

- Gestützter Recall-Test
- Ungestützter Recall-Test
- Kontrollierter Recognition-Test
- Unkontrollierter Recognition-Test
- Maskierungstest (Identifikationstest)

Frage

Nennen Sie drei Ideenfindungs-Methoden.

Antwort

Beim **Brainstorming** werden unkommentiert Ideen von den Teilnehmern genannt und im Anschluss systematisiert.

Die **Delphi-Methode** ist eine über mehrere Runden gehende Expertenbefragung.

Beim **Brainwriting** kann im Gegensatz zum Brainstorming jeder Teilnehmer zunächst in Ruhe Ideen sammeln und schriftlich festhalten bevor diese anschließend systematisiert und diskutiert werden.

Bei der **6-3-5-Methode** schreiben 6 Gruppenmitglieder 3 Problemlösungsvorschläge auf, die von den übrigen Mitgliedern 5 mal weiterentwickelt werden.

Frage

Bei welchen der folgenden Begriffe handelt es sich um einen Pretest oder einen Posttest?

Wiedererkennungsmethode (Recognition-Verfahren)

Lesebeobachtungen

Blickbewegungstest

Tachistoskoptest

Erinnerungsmethode (Recall-Verfahren)

Folder-Test

Copytest

Antwort

Pretest:
Folder-Test, Lesebeobachtungen, Blickbewegungstest und Tachistoskoptest

Posttest:
Erinnerungsmethode (Recall-Verfahren), Wiedererkennungsmethode (Recognition-Verfahren), Folder-Test und Copytest

Frage

Was versteht man unter Benchmarking?

Antwort

Eine Methode neue Ideen oder Verbesserungen für bisherige Produkte zu erzielen, indem man durch die Analyse von „best of class“- oder „best practice“-Unternehmen Anregungen erhält, die eigenen Leistungen oder Produkte zu verbessern. Einsatz im eigenen Unternehmen oder Branche, aber auch branchenübergreifend.

Frage

Nennen Sie Informationen, die einen Mediaplaner bei der Analyse der Werbeaufwendungen der Konkurrenz ganz besonders interessieren.

Antwort

Gesamtstreuaufwendungen des Marktes und deren Verteilung auf einzelne Werbeträgergattungen

Streuaufwendungen der Hauptkonkurrenten und deren Verteilung auf einzelne Werbeträgergattungen

Zeitliche Verteilung der Streuaufwendungen der Hauptkonkurrenten

Art der Werbung der Hauptkonkurrenten

Beworbene Werbeobjekte der Hauptkonkurrenten

Share of Advertising, Share of Voice und Share of Mind der Hauptkonkurrenten

Frage

Unterscheiden Sie verschiedene Möglichkeiten der zeitlichen Verteilung des Werbedruckes.

Antwort

- Beim **konstanten Werbedruck** wird während der Kampagnendauer ein gleich hoher Werbedruck erzeugt.
- Beim **Frontloading** beginnt man mit einem hohen Werbedruck, der dann im Laufe der Zeit nachlässt.
- Beim **Backloading** beginnt man mit einem niedrigen Werbedruck, der dann im Laufe der Zeit zunimmt.
- Beim **Waving** erhöht und vermindert sich der Werbedruck zyklisch über mehrere Perioden.
- Beim **Pulsing** findet in kurzen Zeitabschnitten ein Wechsel zwischen hohem und niedrigem Werbedruck statt.
- Beim **Flighting** schließen sich an Zeiträume mit hohem Werbedruck immer wieder Zeiträume an, in denen nicht geworben wird.

Frage

Was versteht man unter dem GfK-Panel?

Antwort

Im von der Arbeitsgemeinschaft Fernsehforschung (AGF) erhobenen GfK-Panel wird das Fernsehverhalten von zz. gut 5.000 Haushalten mit ca. 13.000 Personen erfasst. Die Messung erfolgt mit dem sogenannten GfK-Meter, welches automatisch und sekundengenau erfasst, wenn das Fernsehgerät eingeschaltet ist, welcher Kanal – inklusive Video-Gerät, Computer-Spiele etc. – eingeschaltet ist. Die einzelnen Haushaltsmitglieder müssen sich selbst an- und abmelden. Aus diesen Daten lassen sich z. B. Reichweiten des Fernsehens, einzelner Sender, Sendungen und Werbeblöcke ermitteln.

Frage

Was versteht man unter dem Kostenplan?

Antwort

Im Kostenplan werden die mit dem Mediaplan verbundenen Streukosten zusammengestellt. Er erhält z. B.

- Bruttoschaltkosten
- Schaltfrequenzen
- Rabatte
- Nettoschaltkosten
- Gesamtkosten

Frage

Nennen Sie mögliche Auswahlkriterien für die Intermediaselektion.

Antwort

- Steuerbarkeit in zeitlicher und räumlicher Hinsicht
- Darstellungsmöglichkeiten
- Reichweiten
- Buchungszeiträume
- Budgethöhe
- Produktions- und Streukosten
- Glaubwürdigkeit des Mediums
- Akzeptanz der Werbung im Medium
- Brutto-, Nettoreichweiten, Durchschnittskontakte, Affinität
- Media-Mix Möglichkeiten
- etc.

Frage

Was versteht man unter dem Rangreihenverfahren?

Antwort

Das Rangreihenverfahren wird zur Auswahl der Medien bei der Intramediaselektion verwendet.

Die infrage kommenden Medien werden zunächst nach einem Kriterium, z. B. Reichweite sortiert. Alle Medien unterhalb eines bestimmten Mindestwertes werden vom weiteren Verfahren ausgeschlossen. Das Vorgehen wird mit den verbleibenden Medien unter Ansatz weiterer Kriterien wie z. B. Wirtschaftlichkeit oder Affinität mehrfach wiederholt. Die Werbeträger werden dann in der Reihenfolge der Position in der Rangreihe bis zur Ausschöpfung des Etats belegt.

Frage

Nennen Sie mögliche Auswahlkriterien für die Intramediaselektion.

Antwort

- Wirtschaftlichkeit (TKP/TNP)
- Affinität
- Reichweite
- Auflagen
- Interne und externe Überschneidungen
- Verfügbarkeit
- Akzeptanz und Glaubwürdigkeit innerhalb der Zielgruppe
- Erscheinungsintervalle
- Image

Frage

Unterscheiden Sie Intermediavergleich und Intramediavergleich.

Antwort

Beim **Intermediavergleich**, auch **Intermediaselektion** genannt, findet ein Vergleich unterschiedlicher Mediengattungen, also z. B. Fernsehen, Zeitungen, Hörfunk etc. statt. Die Frage ist also, welche Mediengattung für eine Werbekampagne am besten geeignet ist.

Nach der Entscheidung für ein oder mehrere Mediengattungen erfolgt die Auswahl ganz konkreter Werbeträger im Rahmen eines **Intramediavergleiches**, auch **Intramediaselektion** genannt. Die Frage ist also z. B., welche Zeitung(en) ist (sind) für eine bestimmte Werbekampagne am besten geeignet.

Frage

Was verbirgt sich hinter den Abkürzungen SOA, SOV und SOM?

Antwort

Es handelt sich um Kennzahlen im Zusammenhang mit der Analyse der Werbeaufwendungen der Konkurrenz:

$$SOA_x = \frac{\text{Werbeaufwendungen Unternehmen x}}{\text{Werbeaufwendungen aller Unternehmen}} \cdot 100$$

$$SOV_x = \frac{\text{Kontaktzahl Unternehmen x}}{\text{Kontaktzahl aller Unternehmen}} \cdot 100$$

$$SOM_x = \frac{\text{Durchschnittskontakte Unternehmen x}}{\text{Durchschnittskontakte aller Unternehmen}} \cdot 100$$

Frage

Nennen Sie die wichtigsten Auswertungen der Nielsen Werbestatistik.

Antwort

Die Nielsen Werbestatistik ermöglicht eingehende Analysen von Werbekampagnen über beinahe alle Medien des deutschen Werbemarktes: Fernsehen, Radio, Publikumszeitschriften, Tageszeitungen, Fachzeitschriften, Plakat, Internet, Kino, Direct Mail, At-Retail-Media und Transport Media.

Folgende Fragen sollen mithilfe der Werbestatistik beantwortet werden:

Was (Produkt, Dienstleistung) ***wird von wem*** (Werbetreibender) ***in welchem Markt*** (Wirtschaftsbereich, Produktgruppe bzw. -familie) ***wie*** (Kreation, Werbeform, Volumen) ***wo*** (Werbeträger) ***wann*** (Schaltdatum) ***für welchen Betrag*** (Bruttokosten) ***beworben?***

Frage

Was ist ein „Supplement“?

Antwort

Ein Supplement ist ein ähnlich wie eine Illustrierte aufgemachtes, kostenlos beigelegtes redaktionelles Ergänzungsmedium. Trägerobjekte sind z. B. Tages- oder Wochenzeitungen, Publikums- oder Fachzeitschriften. Supplements können von den Lesern weder im Einzelvertrieb noch im Abonnement bezogen werden.

Bekannte Beispiele sind: Prisma, BWZ und Süddeutsche Zeitung Magazin.

Frage

Was versteht man unter „Ambient Media"?

Antwort

Ambient Media ist eine Form der Außenwerbung, bei der die Zielpersonen da erreicht werden sollen, wo sie sich bewegen und aufhalten, also in der Universität, der Diskothek, im Supermarkt, am Flughafen, im Fitness-Studio, in der Kneipe etc. Beispiele für Ambient-Media-Formate sind Gratispostkarten, die in Kinos oder Kneipen ausgelegt werden, Werbung auf Zapfpistolen an Tankstellen, Toilettenplakate in Kneipen, Diskotheken, Universitäten etc.

Frage

Nennen Sie je drei Vor- und Nachteile der Plakatwerbung.

Antwort

Vorteile:

Gute örtliche und regionale Steuerungsmöglichkeit, relativ geringer Tausend-Kontakt-Preis, große Bevölkerungsteile kommen täglich mit Plakatwerbung in Kontakt

Nachteile:

Eingeschränkte Zielgruppenselektion, nur flüchtige Kontaktaufnahme, hohe Streuverluste, hohe Kosten bei flächendeckenden Kampagnen

Frage

Nennen Sie verschiedene Erscheinungsformen der Plakatwerbung.

Antwort

- Allgemeinstelle
- Ganzsäule
- City-Light-Poster
- Großflächen
- Superposter
- Mega-Light-Poster
- Blow-Ups (Riesenposter)
- Elektronische Medienwände

Frage

Nennen Sie je drei Vor- und Nachteile der Werbung im Kino.

Antwort

Vorteile:

Gute örtliche und regionale Steuerungsmöglichkeit, hohes Bildungsniveau der Besucher, hohes Einkommen der Besucher, hohe Kontaktqualität

Nachteile:

Relativ geringe Reichweiten, ältere Zielgruppen werden kaum erreicht, hohe Produktionskosten, hoher Tausend-Kontakt-Preis bei Werbefilmen

Frage

Nennen Sie je drei Vor- und Nachteile der Werbung im Hörfunk.

Antwort

Vorteile:

Günstiges Preis-Leistungs-Verhältnis, relativ geringe Produktionskosten, gute regionale Steuerungsmöglichkeit, schnelle Penetration einfacher Botschaften, schnelles und aktuelles Medium

Nachteile:

Hintergrundmedium, eingeschränkte Möglichkeit einer präzisen Zielgruppenselektierung, oft nur geringe Reichweiten, wenig brauchbar bei komplexen Botschaften, geringe Kontaktqualität durch ausschließlich auditive Ansprache

Frage

Welche Vorteile haben Internetauftritte im Vergleich zu Printmedien?

Antwort

- Schnelle Aktualisierungsmöglichkeit
- Ausführlichere Darstellung
- Nutzung von Bild und Ton
- Unmittelbare Kommunikationsmöglichkeit
- Marktforschung durch interne Auswertung der Zugriffe auf die Seiten
- Zeitlich unbegrenzte Informationsmöglichkeit

Frage

Nennen Sie wenigstens drei Kriterien, nach denen TV-Sender unterschieden werden können.

Antwort

Übliche Unterscheidungskriterien von TV-Sendern sind:

- Rechtsform (öffentlich-rechtlich, privat)
- Verbreitungsgebiet (national, regional, lokal)
- Verbreitungsart (Kabel, Satellit, Antenne)
- Programmstruktur (Voll- oder Spartenprogramm)
- Überwiegend gesendetes Programmgenre (Nachrichten, Musik, Sport, Spielfilme etc.)

Frage

Nennen Sie verschiedene Möglichkeiten für „Exclusive-Positions“ als Sonderform der TV-Werbung.

Antwort

Exclusive Positions bewirken beim Zuschauer eine verstärkte Wahrnehmung. Mögliche Formen sind z. B.:

- Singlesplit
- Abspannsplit
- Newscountdown
- Contentsplit
- Diary
- Programmsplit
- Singlespot
- Premierenspot
- Trailer-Split

Frage

Nennen Sie je drei Vor- und Nachteile der Werbung im Fernsehen.

Antwort

Vorteile:

Schneller Reichweiten- und Kontaktaufbau, vereinfachte Buchungsmöglichkeiten, hoher Wirkungsgrad, Breitenmedium mit dem viele Zielgruppen erreicht werden können, visuelle und auditive Ansprache

Nachteile:

Sehr teuer, hohe Streuverluste, eingeschränkte Möglichkeit einer präzisen Zielgruppenselektierung, hohe Produktionskosten, Flucht durch Zapping und andere Tätigkeiten

Frage

Unterscheiden Sie verschiedene Arten von Publikumszeitschriften.

Antwort

Bei den Publikumszeitschriften wird insbesondere unterschieden in:

- **General-Interest-Zeitschriften** (Hörzu, Stern, Focus etc.) wollen mit allgemein interessierenden Themen einen großen Bevölkerungsanteil ansprechen
- **Zielgruppenzeitschriften** (Emma, Eltern, Bravo etc.) richten sich an ganz bestimmte Bevölkerungsgruppen
- **Special-Interest-Zeitschriften** (Yacht, Chip, Schöner Wohnen etc.) richten sich an Personen, die sich für ganz bestimmte Themen interessieren

Die Übergänge sind teilweise fließend.

Frage

Unterscheiden Sie Publikums- und Fachzeitschriften.

Antwort

- **Fachzeitschriften** behandeln spezielle Themen und Fachgebiete und richten sich überwiegend an beruflich interessierte Leser (z. B. Fachzeitschriften für Ärzte, Gärtner oder Architekten)
- **Publikumszeitschriften**, in diesem Zusammenhang insbesondere Special-Interest-Zeitschriften (z. B. Computer-, Segel- oder Briefmarkenzeitschriften), richten sich überwiegend an den privat interessierten Leser

Die Übergänge sind teilweise fließend.

Frage

Unterscheiden Sie verschiedene Platzierungsmöglichkeiten von Anzeigen innerhalb von Zeitungen.

Antwort

- **Anzeigen im Anzeigenteil** haben keine Verbindung zum redaktionellen Teil
- **Textanschließende Anzeigen** wie z. B. Eckfeldanzeigen, blatthohe bzw. blattbreite Anzeigen oder L-Anzeigen schließen mit ein oder zwei Seiten an den redaktionellen Teil an
- **Textteilanzeigen** werden von drei oder vier Seiten vom redaktionellen Teil umschlossen

Frage

Was versteht man unter einer „PI/V-Rate“?

Antwort

Die Kennziffer gibt Auskunft darüber, wie intensiv ein Internetangebot genutzt wird.

$$\text{PI/V-Rate} = \frac{\text{PageImpressions}}{\text{Visits}}$$

Frage

Was versteht man unter einem Streuplan?

Antwort

Meist für einen längeren Zeitraum (häufig ein Jahr) gültiger Plan mit sämtlichen Medien, Schaltterminen und technischen Angaben.

Frage

Was versteht man unter der „Kontaktverteilung"?

Antwort

Die Kontaktverteilung gibt Auskunft darüber, wie viele Personen im Zeitverlauf wie oft mit einem Werbemittel in Berührung kommen, und zeigt somit an, wie sich die Zahl der Kontakte über alle erreichten Personen verteilt.

Sie wird in der Mediaplanung neben den Kennziffern Bruttoreichweite, Nettoreichweite und Durchschnittskontakte als wichtiges Beurteilungskriterium für die Werbewirksamkeit herangezogen.

Frage

Was bedeutet die Abkürzung GRP?

Antwort

Die **G**ross **R**ating **P**oints geben an, wie viele Kontakte je 100 Personen der Zielgruppe erzielt wurden.

$$GRPs = \frac{\text{Bruttoreichweite}}{\text{Zielgruppengröße}} \cdot 100$$

oder

$$GRPs = \text{Durchschnittskontaktzahl} \cdot \text{Nettoreichweite in \%}$$

Frage

Was versteht man unter dem Begriff „Durchschnittskontakte"?

Antwort

Diese Kennziffer sagt etwas über den durchschnittlichen Werbedruck aus und gibt an, wie viele Kontakte im Durchschnitt auf eine erreichte Person entfallen.

$$\text{Durchschnittskontakte} = \frac{\text{Bruttoreichweite}}{\text{Nettoreichweite}}$$

Frage

Nennen Sie wenigstens drei Kriterien, nach denen Zeitungen unterschieden werden können.

Antwort

Übliche Unterscheidungskriterien von Zeitungen sind:

- **Erscheinungshäufigkeit**
  i. d. R. Tages- oder Wochenzeitungen
- **Räumliche Verbreitung**
  kann lokal, regional oder überregional sein
- (überwiegende) **Vertriebsart**
  kann im Abonnement- oder im Einzelverkauf bestehen

Frage

Grenzen Sie die Begriffe „AdImpressions“, „PageImpressions“ und „AdClicks“ voneinander ab.

Antwort

PageImpressions: Anzahl der Kontakte mit einer Internetseite

AdImpressions: Anzahl der Sichtkontakte mit einem Online-Werbemittel.

AdClicks: Häufigkeit mit der ein Online-Werbemittel tatsächlich angeklickt wurde.

Die Kennziffern stellen einen Maßstab für den Werbemittelkontakt dar.

Frage

Was versteht man unter dem Begriff „Bruttoreichweite"?

Antwort

Anzahl der Kontakte mit Personen einer Zielgruppe, die von einem Werbeträger oder einer Werbeträgerkombination erzielt werden.

Frage

Nennen Sie wenigstens vier verschiedene Werbeformen, die in der Internetwerbung eingesetzt werden.

Antwort

- Banner
- Button
- Rectangle
- Medium-Rectangle
- Skyscraper
- Flash Layer
- PopUp
- PopUnder
- Interstitial
- Superstitial

Frage

Was versteht man unter einer „Click-Through-Rate“?

Antwort

Bei der **Click-Through-Rate**, auch **Click-Thru-Rate** oder **CTR**, handelt sich um eine Kennziffer, die versucht, die Effizienz von Online-Werbung auszudrücken. Dabei werden die AdClicks meist als Prozentsatz der AdImpressions oder der PageImpressions dargestellt.

$$\text{CTR} = \frac{\text{AdClicks}}{\text{AdImpressions}} \cdot 100$$

oder

$$\text{CTR} = \frac{\text{AdClicks}}{\text{PageImpressions}} \cdot 100$$

Frage

Unterscheiden Sie interne und externe Überschneidungen.

Antwort

Bei einer **internen** Überschneidung wird der Nutzer vom gleichen Medium (also z. B. Radio *oder* Zeitschrift) mehrmals z. B. über verschiedene Ausgaben erreicht. Es handelt sich also um die Überschneidung innerhalb der Nutzerschaft mehrerer Ausgaben eines Mediums.

Bei einer **externen** Überschneidung wird der Nutzer von verschiedenen Medien (also z. B. Radio *und* Zeitschrift) mehrmals erreicht. Es handelt sich also um die Überschneidung der Nutzerschaft von wenigstens zwei verschiedenen Medien.

Frage

Unterscheiden Sie Werbeträger- und Werbemittelkontakt.

Antwort

Der Leser einer Zeitung hatte einen Werbeträgerkontakt, aber noch nicht unbedingt einen Werbemittelkontakt, da er die entsprechende Anzeige z. B. überblättert hat.

Frage

Nennen Sie wenigstens sechs wichtige Mediabegriffe zur Bewertung von Mediaplänen.

Antwort

- Nettoreichweite
- Bruttoreichweite
- Durchschnittskontakte
- Tausend-Kontakt-Preis
- Tausend-Nutzer-Preis
- Gross-Rating-Points
- Wirksame Reichweite

Frage

Nennen Sie wenigstens sechs wichtige Mediabegriffe zur Bewertung von Werbeträgern.

Antwort

- Werbeträger-Reichweite
- Werbemittel-Reichweite
- Auflagearten
- Affinität/Affinitätsindex
- Tausend-Kontakt-Preis
- Tausend-Auflagen-Preis
- PageImpressions
- AdImpressions
- Visits
- Unique User
- Einschaltquoten

Frage

Was versteht man unter Streuverlusten?

Antwort

Streuverluste entstehen, wenn mit einem Werbeträger auch Personen aus der Grundgesamtheit erreicht werden, die gar nicht zur Zielgruppe gehören.

Frage

Wie lautet die Formel für den Affinitätsindex?

Antwort

$$\text{Affinitätsindex} = \frac{\text{Affinität in \%}}{\text{Anteil der ZG an der GG in \%}} \cdot 100$$

oder

$$\text{Affinitätsindex} = \frac{\text{Reichweite in der ZG in \%}}{\text{Reichweite in der GG in \%}} \cdot 100$$

ZG=Zielgruppe, GG=Grundgesamtheit

Frage

Was versteht man unter den Begriffen „Visits“ und „PageViews bzw. PageImpressions“?

Antwort

Als „Visit" bezeichnet man einen zusammenhängenden Besuch einer Website (Werbeträgerkontakt). Mit „PageViews bzw. PageImpressions" wird die Zahl der Sichtkontakte mit einer HTML-Seite angegeben. Die Summe der „PageViews bzw. PageImpressions" zeigt, wie beliebt eine Website ist.

Frage

Was versteht man unter dem Begriff „Werbe-Awareness“?

Antwort

Der Begriff bezeichnet den Anteil an Personen in einer Zielgruppe, die sich an eine Kampagne erinnern.

Frage

Was versteht man unter Mediaselektion?

Antwort

Mediaselektion ist die Auswahl von Werbeträgern mit Hilfe einer Kosten-Leistungs-Analyse in Bezug auf die Ansprache der Zielgruppe(n).

Frage

Interpretieren Sie einen Affinitätsindex von 200.

Antwort

Das Vorkommen der Zielgruppe in der Nutzerschaft eines Mediums entspricht dem zweifachen des Vorkommens der Zielgruppe in der Grundgesamtheit.

Frage

Was versteht man unter dem Begriff „Nettoreichweite“?

Antwort

Anzahl der Personen einer Zielgruppe, die von einem Werbeträger oder einer Werbeträger-kombination mindestens einmal erreicht werden.

Frage

Was versteht man bei der Mediaplanung unter dem Begriff „Affinität“?

Antwort

Es handelt sich um eine Kennziffer für die Streugenauigkeit eines Mediums:

Prozentualer Anteil einer Zielgruppe an der Nutzerschaft eines Mediums (z. B. Anteil der umworbenen Autofahrer an der Leserschaft einer Autozeitung)

Frage

Was bedeutet die Abkürzung TAP?

Antwort

TAP steht für Tausend-Auflage-Preis.

Er wird wie folgt ermittelt:

$$\frac{\text{Insertionskosten} \cdot 1.000}{\text{verbreitete Auflage}}$$

Frage

Was bedeutet die Abkürzung TKP?

Antwort

TKP steht für Tausend-Kontakt-Preis.

Er wird wie folgt ermittelt:

$$\frac{\text{Insertionskosten} \cdot 1.000}{\text{Bruttoreichweite}}$$

Frage

Was bedeutet die Abkürzung TNP?

Antwort

TNP steht für Tausend-Nutzer-Preis. Er gibt an, wie viel ein Werbetreibender ausgeben muss, um 1.000 Personen in einer Zielgruppe zu erreichen.

Er wird wie folgt ermittelt:

$$\frac{\text{Insertionskosten} \cdot 1.000}{\text{Nettoreichweite}}$$

Frage

Welche Media-Kennziffern verbergen sich hinter den folgenden Abkürzungen?

- LpA
- WNK
- WHK
- HpTZ
- LpE
- LpN
- WLK

Antwort

- LpA = Leser pro Ausgabe
- WNK = Weitester Nutzerkreis
- WHK = Weitester Hörerkreis
- HpTZ = Hörer pro Sendetag und Zeitabschnitt
- LpE = Leser pro Exemplar
- LpN = Leser pro Nummer
- WLK = Weitester Leserkreis

Frage

Was versteht man bei der Mediaplanung unter dem Begriff „Kontakte“?

Antwort

Begegnungshäufigkeit einer Person mit Werbeträgern oder Werbemitteln

Frage

Was versteht man unter dem Begriff „Medientransparenz“?

Antwort

Vorlage vieler soziodemografischer Daten und Untersuchungen über die Verhaltensweisen der Nutzer eines Mediums

Frage

Wie ist der Begriff GRP (Gross-Ratings-Points) definiert?

Antwort

GRP (**G**ross-**R**ating-**P**oints) sind eine Messgröße für den relativen Werbedruck, der bei einem bestimmten Medieneinsatz zu erwarten ist. Er ergibt sich aus der Multiplikation des Durchschnittlichen Kontaktwertes mit der Reichweite in Prozent.

Frage

Ordnen Sie die folgenden Hörerkategorien den unten genannten Begriffen zu.

1. Hörer pro Viertelstunde
2. Hörer in 14 Tagen
3. Hörer gestern
4. Hörer pro Stunde
5. Hörerpotential im Verbreitungsgebiet

Begriffe

a) Weitester Hörerkreis
b) Technische Reichweite
c) Werbeträger-Reichweite
d) Werbemittel-Reichweite
e) Tagesreichweite

Antwort

a) 2

b) 5

c) 4

d) 1

e) 3

Frage

Was ist die „Wirksame Reichweite“?

Antwort

Anteil der Personen an einer Zielgruppe, der ein Mindestmaß an Durchschnittskontakten aufweist. Durchschnittskontakte geben an, wie oft eine Person bei Mehrfachbelegung einer oder mehrerer Zeitschriften o. ä. im Schnitt erreicht wurde.

Frage

Zielgruppe: 8 Mio. Personen
Nettoreichweite in der Zielgruppe: 6 Mio.
Bruttoreichweite in der Zielgruppe: 45 Mio.

a) Ermitteln Sie die Durchschnittskontakte

b) Ermitteln Sie die Gross Rating Points (GRP)

Antwort

a) 7,5 Kontakte pro erreichter Zielperson (= 45/6)

b) 562,5 Kontakte (45/8 · 100) pro 100 Zielpersonen

Frage

Nennen Sie je drei Vor- und Nachteile der Werbung in Tageszeitungen.

Antwort

Vorteile:
Unbegrenzte Verfügbarkeit, kurzfristiger Einsatz, regional gut steuerbar, zeitlich gezielter Einsatz, hohe Akzeptanz, wichtige Informationsquelle für den Einkauf

Nachteile:
Hohe Kosten, kurze Lebensdauer, begrenzte Druckqualität, begrenzte zielgruppenspezifische Selektion, nicht einheitliche Tarifgestaltung, hoher TKP (Tausend-Kontakt-Preis)

Frage

Nennen Sie vier Insertionsformen, die es nur im Zeitschriftenbereich gibt.

Antwort

- Warenproben
- Gate-Folder
- Beihefter
- Beikleber
- Add-a-card-Anzeige

Frage

Welche Arten von Zeitschriften gibt es?

Antwort

- General Interest
- Fachzeitschriften
- Kundenzeitschriften
- Supplements

Frage

Welche Aufgaben sind bei der Vorbereitung eines Messeauftrittes zu erledigen?

Antwort

- Erstellung eines Messekonzeptes
- Standplanung und Standbau
- Buchung des Messeplatzes
- Einladungsversendung an Kunden und Presse
- Auswahl und Bereitstellung von Informationsmaterial
- Auswahl und Schulung von Mitarbeitern

Frage

Was bezeichnet eine „Allgemeinstelle“?

Antwort

Eine meist bei Litfaßsäulen vorkommende Belegungsart, bei der mehrere Werbungstreibende gleichzeitig mit ihren Werbemitteln präsent sind.

Frage

Nennen Sie fünf wichtige Werbeträger.

Antwort

- Kino
- Tageszeitungen
- Internet
- Fernsehprogramme
- Wochenzeitungen
- Anzeigenblätter
- Fachzeitschriften
- Plakat- und Anschlagstellen
- Hörfunkprogramme
- Publikumszeitschriften
- Branchen- und Fernsprechbücher

Frage

Erläutern Sie den Begriff „objective-and-task-method".

Antwort

Bei der „objective-and-task-method“, auch „Ziel-Aufgaben-Methode“ genannt, handelt es sich um eine **Budgetplanungsart**. Aus den Werbezielen heraus werden Maßnahmen abgeleitet, mit denen das Ziel erreicht werden soll. Die Kosten für diese Maßnahmen stellen das notwendige Budget dar. Das Verfahren ist zwar relativ aufwendig, dafür besteht allerdings ein hinreichender Zielbezug zwischen den Werbezielen und der Budgethöhe.

Frage

Nennen Sie Kriterien, nach denen ein Gesamtwerbebudget verteilt werden kann.

Antwort

Das Gesamtverteilung erfolgt nach folgenden Kriterien:

- **Sachliche** Verteilung auf die Werbeobjekte
- **Räumliche** Verteilung auf die Werbegebiete
- **Zeitliche** Verteilung innerhalb des Werbezeitraumes

Frage

Erläutern Sie den Begriff
„competitive-parity-method“.

Antwort

Bei der „competitive-parity-method“, auch „Wettbewerbsmethode“ oder „Konkurrenz-Paritätsmethode“ genannt, handelt es sich um eine **Budgetplanungsart**, bei der man den eigenen Etat von Etathöhen der Konkurrenz abhängig macht. Dabei kann man sich an den Werbeaufwendungen des Hauptkonkurrenten oder des Gesamtmarktes orientieren. Vorteilhaft ist, dass das Konkurrenzverhalten, welches die Marktverhältnisse beeinflusst, mit berücksichtigt wird.

Frage

Erläutern Sie die Begriffe „percentage-of-profit-method“ und „percentage-of-sales-method“.

Antwort

Es handelt sich um **Budgetplanungsarten**, bei denen das Werbebudget als prozentualer Anteil am Gewinn (percentage-of-profit-method) oder Umsatz (percentage-of-sales-method) bestimmt wird. Gewinn und Umsatz können Istwerte der letzten Periode oder Durchschnitte aus Istwerten vergangener Perioden sein. Ebenso kann man Planwerte zukünftiger Perioden oder Kombinationen aus Ist- und Planwerten heranziehen. Die Verfahren sind sehr einfach, es besteht allerdings ein nicht hinreichender Zielbezug zwischen den Werbezielen und der Budgethöhe. Darüber hinaus führen diese Planungsarten zu einer oftmals nicht gewünschten prozyklischen Entwicklung des Werbeetats.

Frage

Erläutern Sie den Begriff „per-unit-method/per-case-rate".

Antwort

Bei der „per-unit-method/per-case-rate“, auch „Verkaufseinheitsmethode“ genannt, handelt es sich um eine **Budgetplanungsart**, bei der je produziertem oder abgesetztem Stück ein fester Betrag im Werbebudget angesetzt wird. Die Stückzahlen und Beträge je Stück können Istwerte der letzten Periode oder Durchschnitte aus Istwerten vergangener Perioden sein. Ebenso kann man Planwerte zukünftiger Perioden oder Kombinationen aus Ist- und Planwerten heranziehen. Das Verfahren ist sehr einfach, es besteht allerdings ein nicht hinreichender Zielbezug zwischen den Werbezielen und der Budgethöhe.

Frage

Erläutern Sie den Begriff „all-you-can-afford-method".

Antwort

Bei der „all-you-can-afford-method", auch „Restwertmethode" oder „finanzmittelbezogene Methode" genannt, handelt es sich um eine **Budgetplanungsart**, bei der sich das Werbebudget als Residualgröße (Restwert) ergibt, nachdem alle übrigen Posten des gesamten Marketingetats festgelegt worden sind. Das Verfahren ist sehr einfach und stellt sicher, dass die Mittel auch tatsächlich zur Verfügung stehen. Es besteht allerdings ein nicht hinreichender Zielbezug zwischen den Werbezielen und der Budgethöhe.

Frage

Nennen Sie drei Möglichkeiten zur Festlegung der Höhe eines Werbeetats.

Antwort

- Restwertmethode (all-you-can-afford-method)
- Fortschreibungsmethode
- Prozent-vom-Umsatz-Methode (percentage-of-sales-method)
- Prozent-vom-Gewinn-Methode (percentage-of-profit-method)
- Verkaufseinheitsmethode (per-unit-method)
- Wettbewerbsmethode (competitive-parity-method)
- Ziel-Mittel-Methode (objective-and-task-method)

Frage

Was versteht man unter einem Cross Selling?

Antwort

Beim Cross Selling werden bereits bestehende Kundenkontakte genutzt, um zusätzliche Produkte zu verkaufen. So wird der versendeten Ware erneut Werbung beigefügt oder auf der Rechnung befindet sich Werbung für weitere Produkte. Bei den beworbenen Produkten kann es sich sowohl um artverwandte wie auch artfremde Produkte handeln. Vorteil dieser Methode ist, dass die Kunden bekannt sind und gleichzeitig das Porto für eine gesonderte Ansprache eingespart werden kann.

Frage

Skizzieren Sie den Prozess der Werbeplanung und Werbedurchführung.

Antwort

Festlegung der Marketingziele
Festlegung der Werbeziele
Festlegung des Werbeetats
Festlegung der Werbeobjekte
Festlegung der Werbesubjekte
Festlegung der Werbebotschaft
Auswahl der Werbemittel
Pretest
Auswahl der Werbeträger
Auswahl der Zeit und Region
Werbedurchführung
Werbekontrolle

Frage

Grenzen Sie Profit- und Non-Profit-Marketing voneinander ab.

Antwort

Profit-Marketing:

Konsumgüter-, Investitionsgüter- oder Dienstleistungsmarketing

Non-Profit-Marketing:

Sozial-, Okö- oder Egomarketing

Frage

Unterscheiden Sie „traditionelles“ und „modernes“ Marketing.

Antwort

Beim **„traditionellen“** Marketing versucht man vorhandene Güter- und Dienstleistungen abzusetzen. Dies ist typisch für einen „Verkäufermarkt“.

„Modernes“ Marketing setzt am Absatzmarkt an und versucht über Marktforschung die Kundenwünsche zu ergründen und zu befriedigen. Dies ist typisch für einen „Käufermarkt“.

Frage

Wie errechnet sich die Preiselastizität?

$$\frac{\text{\%-Mengenänderung}}{\text{\%-Preisänderung}}$$

Die Preiselastizität (der Nachfrage) zeigt die prozentuale Veränderung der Nachfragemenge nach einem Gut an, wenn der Preis dieses Gutes um ein Prozent verändert wird.

Frage

Erläutern Sie den Begriff Operationalität.

Antwort

Operationalität bezeichnet die präzise und damit überprüfbare Formulierung von Zielen. Operabel ist eine Zielformulierung, wenn Informationen über Zielinhalt, Zielausmaß, Zuständigkeit und Zeitraum vorliegen.

Frage

Nennen Sie die Laswell-Formel.

Antwort

Wer?

Sagt was?

Auf welchem Weg?

Zu wem?

Mit welcher Wirkung?

Frage

Wofür steht die Abkürzung AIDA?

Antwort

Die AIDA-Regel nennt die Phasen, die ein Käufer von der Entdeckung eines Produktes bis zu dessen Kauf durchläuft:

Attention: Der Käufer wird auf das Produkt aufmerksam.

Interest: Er zeigt Interesse für das Produkt.

Desire: Er verspürt den Kaufwunsch.

Action: Er kauft das Produkt.

Frage

Was versteht man unter Hautwiderstandsmessung?

Antwort

Es handelt sich um eine Methode zur Messung der Aktivierungsstärke einer Werbeanzeige. Zwei Elektroden, durch die ein schwacher, konstanter Strom geführt wird werden an der Hand einer Testperson befestigt. Die auftretende Spannung wird auf einem Polygraphen aufgezeichnet. Die bei der Betrachtung einer Werbeanzeige auftretenden Änderungen in der Spannung geben Aufschluss über den elektrischen Widerstand der Haut, der auf die Aktivierungsstärke der Anzeige schließen lässt.

Frage

Was versteht man unter Pupillometrie?

Antwort

Die Pupillometrie untersucht, wie sich der Pupillendurchmesser einer Testperson verändert, während diese ein Werbemittel betrachtet. Man nimmt an, dass die Pupillen sich durch angenehme Reize vergrößern und bei unangenehmen Reizen verkleinern.

Frage

Nennen Sie verschiedene Möglichkeiten der Online-Werbung.

Antwort

- Banner
- Skyscraper
- Rectangles
- Eigene Homepage
- Suchmaschinen
- Online-Communities
- Digitale Beilagen
- Pop-Ups

Frage

Was versteht man unter „Social Media“?

Antwort

Social Media oder Soziale Medien sind digitale Medien und Technologien, die es Nutzern ermöglichen, sich auszutauschen und mediale Inhalte einzeln oder in Gemeinschaft zu gestalten.

Zu diesen Medien zählen Foren, Weblogs und Micro-Blogs wie twitter, soziale Netzwerke (z. B. XING, facebook, LinkedIn, MySpace), Social-Bookmark-Portale (z. B. delicious, Digg oder LinkARENA), Wikis wie Wikipedia, Auskunftsportale (z. B. wer-weiss-was oder gutefrage.net), Photo-, Musik-, Video- oder Document-Sharing-Portale (z. B. Picasa, flickr, YouTube, slideshare, MyVideo oder last.fm) sowie Bewertungsportale (z. B. Yelp, Idealo oder ciao!).

Frage

Nennen Sie Vor- und Nachteile von Social-Media-Marketing für ein Unternehmen.

Antwort

Vorteile:
- Schnelles und kostengünstiges Erreichen eines großen Publikums
- Schnelle Reichweitenerhöhung durch Multiplikatoreffekte
- Ungefiltertes Feedback
- Jugendliches Image
- Schaffen dauerhafter Bindungen durch Follower
- Candystorms/Welle der Zustimmung

Nachteile:
- Keine Kontroll- oder Steuermöglichkeit von Beiträgen
- Shitstorm/Sturm der Entrüstung
- Hoher Streuverlust
- User-Alter ist tendenziell eher niedrig

Frage

Erläutern Sie die Funktionsweise von „Google AdWords“ oder „Yahoo Search Marketing“ und nennen Sie einige Vorteile.

Antwort

Sobald ein Nutzer bei einer Suchanfrage bestimmte, vom werbenden Unternehmen festgelegte Keywords oder Schlüsselwörter verwendet, erscheint eine Anzeige auf der Suchergebnisseite. Klickt der User auf die Anzeige, landet er auf der unternehmenseigenen Website oder einer Landingpage.

Vorteile sind insbesondere die herausragende Platzierung neben den Treffern von Suchanfragen und dass die Abrechnung nur auf Basis tatsächlicher Clicks erfolgt. Außerdem erhält der Unternehmer Analysedaten über die Wirkung. Über Geotargeting werden die Anzeigen nur bei Suchen in bestimmten Regionen geschaltet.

Frage

Unterscheiden Sie SEA und SEO.

Antwort

Unter SEA (Suchmaschinenwerbung) versteht man das Schalten von bezahlten Anzeigen auf den Ergebnisseiten einer Suchmaschine.

Unter SEO (Suchmaschinenoptimierung) versteht man alle Maßnahmen, die helfen, die Position eines Suchergebnisses zu verbessern.

Frage

Unterscheiden Sie drei Reizarten, die im Zusammenhang mit der Betrachtung einer Anzeige, eines Spots oder Ähnlichem ausgelöst werden.

Antwort

Emotionale Reize
(Erotik, Kindchenschema, Grusel, Geborgenheit etc.)

Kognitive oder gedankliche Reize
(Verfremdung, Überraschung etc.)

Physische Reize
(Farbkontrast, Lautstärke, Helligkeit, Spotlänge, Anzeigengröße etc.)

7. Auflage 2016 · Best.-Nr. 2833
ISBN 978-3-95532-833-7

9 783955 328337

Zu diesen Lernkarten gehört auch noch das Modul
Umsetzung und Steuerung von Marketing- und Kommunikationsmaßnahmen

Lernkarten zu **Wirtschafts- und Sozialkunde** können separat bestellt werden (Best.-Nr. 786).

Cronenberger Straße 58 · 42651 Solingen
Telefon: 0212 22207-0 · Telefax: 0212 208963
Internet: www.u-form.de · E-Mail: uform@u-form.de

GUCKST DU!